경계인의 우울 일기

여는 글.

2년 만에 만난 네가 나에게 말했지. 죽은 줄 알았다고. 소식을 아는 친구들은 내 이야기를 쉬쉬하고 나와는 연락이 닿지 않으니 충분히 그런 생각을 할 수밖에 없었을 거야.

맞아. 죽으려 했어. 그것도 여러 차례를. 차마 이 얘기를 꺼낼 수 없어 답변 대신 그저 웃기만 했지만 얼마나 털어놓고 싶었는지 몰라. 하지만 오랜만에 만난 자리를 우중충하게 만들 순 없잖아? 그래서 그때 하고 싶었던 말들을 이렇게 적어봐. 네가 이 글을 볼 수 있을진 모르겠지만 한 자 한 자 꾹꾹 눌러 써보려고 해. 이건 내가 사라졌던 4년간의 이야기지만 사실은 내 25년간의 인생일 지도 모를 글이야. 너에게는 보잘것없을지 모르지만, 나에겐 전부인 이 글을 부디 소중하게 생각해줘. 지극히 내 개인적인 이야기이기 때문에 조금 지루하고 공감이 안 될지 몰라. 그래도 '이런 삶도 있구나.' 하고 이해해주길 바라.
이제 서론은 접어두고 진짜 내가 하고 싶었던 이야기를 시작할게. 길고도 짧은 생을 살아온 나를 잘 부탁해.

경계성 인격장애 진단 기준.

성인기 초기부터 대인관계, 자기상 및 정서의 불안정성과 극심한 충동성이 전반적으로 나타난다. 다음 중에서 5가지 이상의 항목을 충족시켜야 한다.

1. 실제의 혹은 가상의 유기를 피하기 위한 필사적인 노력 : 5번 기준에서 말하는 자살 또는 자해 행위는 포함되지 않는다.

2. 극단적인 이상화와 평가절하가 반복되는 불안정하고 강렬한 대인관계.

3. 정체감 장애 : 자기상이나 자기감의 현저하고 지속적인 불안정성.

4. 자신에게 손상을 줄 수 있는 적어도 2가지 영역의 충동성. (예 : 낭비, 성관계, 물질 남용, 무모한 운전, 폭식)

5. 반복적인 자살 행동, 자살시늉, 자살위협 혹은 자해 행동.

6. 현저한 기분 변화에 따른 정서적 불안정성. (예 : 대체로 수시간 지속되며 드물게는 수일간 지속되기도 하는 간헐적인 심한 불쾌감, 성마름, 불안)

7. 만성적인 공허감.

8. 부적절하고 강렬한 분노감 혹은 분노 조절의 어려움.

9. 스트레스 받을 때 잠시 나타나는 피해의식이나 혹은 심한 해리 증상.

미국 정신의학회 〈정신장애의 진단 및 통계 편람〉

| | 여는 글. | 4 |

| | 경계성 인격장애 진단 기준. | 5 |

1 전조

선생님, 저 죽으려 해요.	13
썩을 대로 썩어버린 우울.	17
누구세요?	20
불안 속의 크리스마스.	24

2 다시 폐쇄 병동으로

1인실은 안돼요.	27
트루먼과 나.	32
새해를 폐쇄 병동에서.	36
어떻게 저인가요?	38
기분이 어때요?	40
버려짐에 대한 불안함.	43
기대.	45
왜 살아야 하나요?	47
그냥 우울증.	49
집에 갈래요.	51

3 마주보기

나는 경계성 인격장애이다.	55
피해야 하는 여성 1순위.	57
숨기라고 했다.	59
그러고 보니.	61
나를 인정해주세요.	63
자꾸 죽으려고 해요.	65
고통에서 벗어나는 방법.	68
처음으로 스스로를 그것이라고 소개했다.	70
해리.	72
무방비 상태.	74
마침표를 찍다.	76
치료는 계속되어야 한다.	78
꾀병.	80
2인실 여자.	82
자존감.	84
몰래 카메라.	86
퇴원 날짜를 잡았다.	89

4 힘들게 해

언제쯤 돌아갈 수 있을까?	91
희망이 필요해.	92
무슨 맛인지 모르겠다.	94
보험금.	98
집이 힘들어요.	101
키라와 나.	104
버림받을까 무서워요.	106
내가 바뀌어야 한다.	110

5 구세주

구세주.	113
구세주의 답.	117
그만 두기로 했다.	120
급한 퇴원.	123

6 익숙해지기

몰려오는 외로움.	125
사촌 언니.	127
빈 공간과 삶.	130
이인증.	132
여섯번째 입원.	133

다시 시작된 병동 생활. 136

첫 상담. 138

날 미워하면 어떡하죠? 140

힘듦의 경중. 143

하고 싶은 일. 145

학교에 갈 수 있을까요? 146

진짜일까? 148

나아지고 있음을 느꼈다. 151

죽음의 5단계. 153

여섯번째 퇴원. 154

7 안정된 삶

그 이후로. 157

자살을 위한 몸부림. 159

제주도 여행. 161

안타깝지 않은가. 163

시간이 해결해준다는 말. 165

긴 나날 중 하루라면. 167

후원자 명단. 169

끝맺는 글. 170

감사한 이들에게. 171

1
전조

선생님, 저 죽으려 해요.

가지고 있던 모든 약을 긁어모았다. 죽어야 했다. 더는 견딜 수 없었다. 나에게만 박한 이 세상도, 지긋지긋한 가족도, 나를 이해해주지 않는 지인들도, 거지 같은 내 우울도 모두 끝을 내고 싶었다. 세 번에 걸쳐 50알이 넘는 약을 삼켰다. 그리곤 빈 노트에 유서를 적었다.

죄송합니다. 살고 싶었는데 살아야 하는 이유가 없어요. 괜찮다고 내 잘못이 아니라고 믿으면서 그렇게 버텼는데 제 잘못이에요. 저보다 훨씬 힘든 삶을 살고 계시는 분들이 많다는 걸 알아요. 그저 버티지 못한 제가 너무 나약하네요. 안 좋은 기억을 남겨 죄송합니다. 그냥 저를 잊어주세요.

죄책감과 자기 연민으로 찌든 글이었다. 눈물 때문에 사이 사이로 글씨가 번졌지만, 알아볼 수 있는 수준이었다. 설사 그렇지 못한다고 해도 유서를 다시 쓸 정신은 되지 못했다.
유서가 적힌 공책을 머리맡에 두고 침대에 누웠다. 내 모습을 위에서 봤다면 마치 관에 들어가 있는 듯한 모습이었다. 천장을 바라보고 누워서 양손을 가지런히 배꼽 위에 올려놓았다. 죽음에 대한 내 의식과도 같았다. 나는 준비가 되었으니 오라고. 죽음, 당신만 오면 모든 것이 끝이라고.
생각은 죽음 앞에서 단호했지만 아무래도 내 몸은 그렇지 못했던 것 같다. 쉴 새 없이 눈물이 났다. 남은 생에 대한 아쉬움인지, 버티지 못했던 나에 대한 자괴감인지, 혹은 나를 이렇게 만든 모든 이유에 대한 화인지, 알 수 없는 눈물이었다. 그것을 분간하기엔 이미 스스로가 너무 지쳐 있었다. 얼마 지나지 않아 나는 잠이 들었다. 마지막이라고 생각했던 어둠 속에 서서히 빨려 들어가고 있었다.

눈을 떴다. 내가 있는 곳이 진짜 현실인지 구분이 되지 않았다. 아니 알고 있지만 믿고 싶지 않았다. 하지만 과다 복용한 약들 때문일까 몸 깊숙한 곳에서 느껴지는 위장의 쓰라림에 인정할 수밖에 없었다. 나는 죽지 못했다.
약 기운 때문인지 온 세상이 빙빙 돌았다. 좌절감에 눈물이 나왔다. 나는 자살의 실패 다음 어떻게 해야 하는지 생각을 하지도, 해보지도 않았다. 나에게 실패란 계획 속에 없는 이야기였다. 다시 자살 시도를 해야 할지, 이번엔 어떻게 죽어야 하는지,

아니면 이대로 다시 살아가야 하는지, 머릿속에서 수많은 생각이 스쳐 지나갔지만, 어느 하나 선택할 수 없었다.
기숙사를 나섰다. 죽지 못한 그 방엔 더 이상 있고 싶지 않았다. 그저 정처 없이 걸었다. 내가 어딜 걷고 있는지도 모른 채 멍하니 발만 움직였다. 그리고 그렇게 자연스레 도착한 곳이 내가 유일하게 활동하고 있던 동아리의 방이었다.
다행인지 불행인지 그곳엔 아무도 없었다. 아침 10시, 누군가 동아리방에 있을 리가 만무한 시간이었다. 깜깜했지만 불은 켜지 않았다. 밝은 곳에 있고 싶지 않았다. 나에겐 어둠이 더 잘 어울린다고 생각했던 것 같다.
10월 초임에도 불구하고 시리도록 차가운 바닥에 주저앉았다. 그리곤 멍하니 너무도 익숙한 이곳을 하나하나 뜯어봤다. 거의 매일 이곳에서 친구들과 떠들고 함께 보드게임도 했는데 단 며칠 만에 변한 내 상황이 너무도 싫었다. 그리고 나는 다시 생각해야 했다. 죽어야 하는지, 다시 살아가야 하는지.
그때, 동아리방 가운데 놓인 책상 위로 문구용 칼이 보였다. 평소 찾을 땐 보이지도 않더니 그 날따라 누군가 짜기라고 한 듯 책상 위에 홀로 덩그러니 놓여있었다. 헛웃음이 나왔다. 그리고 홀린 듯이 칼을 집어 들었다.
'이거면 확실하게 죽을 수 있겠지.' 그렇게 생각했다.
날카로운 이를 꺼내 손목에 대었다. 준비는 끝났다. 이제 힘껏 누르기면 하면 됐다.

정말 그러면 됐는데 하지 못했다. 서러워 눈물이 났다. 내가 왜 이러고 있는 건지, 진짜 원하던 결말이 이게 맞는 건지, 아무것도 확신할 수 없었다. 그리고 무서웠다. 정말 죽게 될까 봐. 이제 모든 것이 끝일까 봐. 내가 원했던 나의 결말은 이런 게 아니었던 것 같은데 어쩌다 이렇게 됐을까 한탄스러웠다.
어디든 도와 달라고 빌고 싶었다. 다시 내가 죽으려 하기 전에 막아줄 누군가가 필요했다. 그리고 딱 한군데 이런 나를 지켜줄 곳이 있었다. 주저 없이 전화를 걸었다. 울먹이는 목소리로 말했다.
"선생님, 효나 인데요. 저 죽으려고 해요."
전화를 건 곳은 학교 내 심리 상담 센터였다. 선생님께선 내 말에 놀라시며 서둘러 동아리방까지 오셔서 나를 센터로 데리고 가셨다. 그러고는 안된다고 거부하는 나를 설득해 어머니께 이 소식을 전했다. 예상과는 달리 어머니께서는 침착하셨다. 마치 언젠간 벌어질 일이었던 것처럼. 나는 몰랐던 내 미래를 모두가 예상했다는 듯이.
"이제 갈 곳은 병원밖에 없어요."
전화를 끝낸 선생님께서 말씀하셨다. 내게 선택지는 없었다. 그저 선생님께서 하자는 대로 할 수밖에.

썩을 대로 썩어버린 우울.

사실 기억이 나지 않는 어린 시절부터 알고 있었다. 나는 밝은 아이가 아니다. 속 안에 우울을 감추고 화를 숨기고 행복한 척을 하고 다녔다. 내겐 수많은 척들이 있었다. 밝은 척, 성숙한 척, 아무 일도 없는 척, 괜찮은 척……
스스로에게 제약을 걸고 주변 지인들마저 그게 진짜 나라고 생각했다. 나를 본 어른들은 어머니에게 이렇게 말하곤 했다.
"딸이 참 어른스럽네요."
친구들도 나에 대해 이렇게 말했다.
"효나는 참 밝아서 좋아."

나를 이렇게 만든 건 복합적이었다. 힘들어하는 모습은 그 누구도 좋아하지 않는다는 걸 알기도 했고 누군가 나에게 힘들어도 티를 내지 말라고 말을 하기도 했다. 그래서 그렇게 했다. 그 아무도 진짜 나를 알아차리지 못하도록. 시간이 흐르면서 이것은 내가 되었다. 바보같이 약함을 보이는 건 수치라고 생각했다. 그렇게 더더욱 스스로를 숨겼다.

그러다 고등학교 2학년, 우울증이 찾아왔다. 모든 것에 회의감을 느꼈고 나를 이렇게 만든 이들에게 화가 났다. 꾹꾹 눌러왔던 우울이 내 일상생활까지 범람했다. 매일을 울었다. 학교에 가서도 창피한지도 모르고 하루 종일 울었다.
썩을 대로 썩어버린 우울에서 악취가 났다. 그 악취는 연기가 되어 내 눈을 가렸고 바람이 되어 나를 벼랑 끝으로 몰았다. 더는 혼자 해결할 수 있는 상황이 아니었다. '죽을 수도 있겠구나.' 그렇게 생각했다. 결국 몇 번의 고심 끝에 어머니께 말씀드렸다.
"엄마, 나 죽을 것 같아. 병원에 가고 싶어."
어머니께서 나를 쳐다보셨다.
"엄마, 나 진짜 힘들어."
아무런 대답 없이 그저 나를 쳐다만 보았다. 자주 이러셨다. 감기몸살로 열이 40도까지 올라도, 손바닥만한 화상을 입어도 먼저 손을 내밀지 않으셨다. 이유는 모르겠다. 이게 어머니의 육아 방식이었는지, 아니면 생각할 시간이 필요했는지, 나는 언제나 스스로 내 아픔을 치료해야 했다. 그리고 이번도 마찬가지였다.
"엄마가 도대체 해준 게 뭐야! 내가 많은 걸 바랬어?!"
결국 해서는 안 되는 말을 내뱉고 집을 뛰쳐나왔다. '어서 날 붙잡아 병원으로 데려가 줘.' 라는 신호였고 마지막 발악이었다. '이렇게까지 하는데 뭔가 달라지겠지.' 그렇게 믿었다. 하지만 내 착각이었다. 어머니는 나를 붙잡지도, 자신을 바꾸지도 않았다.

그래서 버려졌다고 생각했다. 그게 아니면 이렇게 아파하는 나를 바라만 볼 수 없다고 생각했다. 그리고 이 일로 확신했다. 진짜 나, 그러니까 아파하는 나는 세상에 없는 편이 나았다.

몇 시간을 밖에서 배회하다 다시 집으로 돌아가 아무 일도 없었다는 듯이 지냈다. 그렇게 지금의 내가 되었다.

대학에 올라와선 더는 아프지 않은 듯했다. 밝은 척하며 지내는 것도, 괜찮은 척하며 지내는 것도 마치 정말 내가 그렇게 느끼는 듯했다. 그래서 보이지도 않는 기억 너머로 이 아픈 과거들을 밀어 놓고 지냈다. 하지만 문득 갑자기 떠올라 한 번씩 나를 찌르더니 결국 이것이 독이 되어 다시 나를 아프게 했다.

누구세요?

기침을 내뱉으며 깨어났다.

"코로 숨 쉬세요. 가래는 뱉으셔야 해요."

낯선 여자의 목소리가 들렸다. 왜 갑자기 코로 숨을 쉬라는 건지 알 수 없었다. 가뜩이나 숨이 막혀 고통스러운데 코든 입이든 중요치 않았다. 목까지 차오른 숨을 급히 마시기 위해 입을 벌리고 나서야 여자가 왜 그런 말을 건넨 지 알 수 있었다. 아무리 애써도 폐로 들어가는 공기는 없었다. 마치 목구멍에 산소를 걸러내는 필터가 끼워져 있는 것만 같았다.

그제야 내 몸에 이상이 있음을 알았다. 몸이 물에 젖은 휴지처럼 축 늘어졌고 코밑에 이물질이 느껴졌다. 힘겹게 손을 들어 매만져 보니 그것이 무엇인지 알 수 있었다. 산소 호흡기였다. TV 속에서만 보던 물건이라고, 절대 내 인생에선 볼 일이 없을 거라고 생각했는데 갑자기 이게 무슨 일인지 알 수 없었다. 정신을 차려보려고 했지만, 오히려 다시 나를 깜깜한 어둠 속으로 데려갔다. 그렇게 정신을 잃었다.

깨어났을 땐, 낮이었다. 병원 천장이 제일 먼저 눈에 들어왔고 새하얀 커튼이 쳐져 있었다. 이상했다. 정신 병동에 커튼은 존재하지 않는다. 내가 있는 이곳은 정신 병동이 아니었다.
"깼어?"
보호자용 침대에 어머니께서 앉아 계셨다.
"뭐야? 여기 어디야?"
"폐렴 때문에 호흡기 병동으로 옮겼어."
'아, 그렇구나.' 대수롭지 않게 생각했다. 가끔 정신을 못 차릴 정도로 몸살에 걸릴 때가 있었기에 딱 그 정도인 줄 알았다. 하지만 생각보다 몸 상태는 심각했다. 호흡기가 없으면 숨을 헐떡거렸고 몇 발자국만 걸어도 몸이 휘청거렸다. 덕분에 일주일이 넘는 시간 동안 침대에만 있었다. 하필 자리도 창문과 가장 먼 곳이라 긴 시간 나는 밖과 단절된 상태로 지낼 수밖에 없었다.

호흡기를 떼던 날, 처음으로 병원 산책을 나서기로 했다. 들뜬 마음에 외투를 어깨에 대충 걸치고 엄마보다 먼저 병실 밖을 나섰다. 그때, 지나가던 의사 선생님께서 말을 걸어왔다.
"어? 이제 괜찮아요? 많이 좋아진 것 같네요."
"저……. 죄송한데, 누구세요?"

"네?"

모르는 사람이었다. 본 적도, 만난 적도 없었다. 의아해하는 내 모습에 의사 선생님께선 당황해하시더니 곧장 자리를 뜨셨다. 그래서 다른 환자와 나를 착각한 거라고 생각했다. 하지만 그 생각은 오래가지 못했다. 엘리베이터를 타고 1층에 내려와 밖을 바라보았을 때, 나는 한참을 굳어 있었다.

"뭐야, 왜 겨울이야?"

분명 가을이었다. 그것도 단풍이 들기 전이었다. 아무리 시간이 흘렀다 해도 잎이 노랗게 색이 물들었어야 한다. 혼란스러웠다. 그리고 직감할 수 있었다. 시간이 통째로 사라졌다는 것을. 그 의사 선생님이 실수한 것이 아니라는 것을.

어머니께선 잃어버린 시간 속에서 내가 두 번의 입원을 했다고 하셨다. 가끔 이모께서 병문안을 오셨고 외출을 했을 땐, 친구들을 만난 적이 있다고 했다. 하지만 어머니의 이야기를 듣고도 나는 아무것도 떠올리지 못했다.

내게 기억력에 문제가 있다는 것을 자각한 이후부터 사람이 무서워지고 밖이 두려웠다. 모르는 사람이 나에 대해 안다는 것은 생각보다 큰 불안이었다.

가끔 지인들로부터 안부 연락이 왔다. 잘 지내냐는 질문에 그렇다고 말하지 못했다. 억지로 잘 지낸다는 거짓말을 하고 싶진 않았다.

"기억이 안 나. 분명 가을이었는데 정신 차려보니까 겨울이야. 무서워."

해결책을 바라고 한 말은 아니었다. 걱정을 바라고 한 말도 아니었다. 그저 답답함에 나온 말이었다. 어찌 생각하면 그리 심각한 일은 아니었다. 특별한 기억이 아닌 이상 시간이 흐르면 다 잊히기 마련이니까. 하지만 그러지 못했다. 퇴원하고 본가인 대전으로 올라와서도 여러 날 동안밖에 나가지 않았다. 아니 나갈 수 없었다.

불안 속의 크리스마스.

크리스마스가 훌쩍 다가온 지도 몰랐다. 숨죽여 집에만 있는 나에게 시간이란 그다지 중요한 것이 아니었다. 그런 내가 정말 오랜만에 집 밖을 나섰다. 그것도 울산이라는 먼 길을 떠났다. 오래전 친구들과 약속한 1박 2일의 크리스마스 파티에 가기 위함이었다.

기차에 올라타 가방에 챙겨 놨던 모자를 꺼냈다. 그리고 아무도 나를 알아보지 못하도록 깊게 눌러썼다. 그제야 안심되었다. 이 정도면 그 의사 선생님처럼 나를 알아보는 사람은 없을 거라고 생각했다.

하지만 시간이 흐를수록 모자가 주는 안도감은 줄어갔다. 얼굴을 아무리 가려도 모르는 누군가가 다가와 내게 아는 척을 할 것만 같았다. 쿵쿵 심장 소리가 귀에 맴돌았다. 손이 떨리고 숨은 가빠졌다. 불안감이 몰려와 나를 가만히 두지 않았다. 주먹을 꽉 쥐어 손톱으로 손바닥을 꾹 눌렀다. 손바닥에 새빨간 초

승달 자국이 생겼다. 그제야 살 것 같았다. 손에 전해지는 고통이 불안감을 눌러주는 것만 같았다.

파티는 마냥 즐겁지만은 않았다. 때때로 불안이 올라와 나를 괴롭혔기 때문에 온몸이 굳어 숨 쉬는 걸 잊어버릴 때도 있었다. 하지만 티를 낼 수는 없었다. 나는 예전과 같았다. 여전히 내 약함을 드러낼 수 없었다.
파티를 끝내고 친구들과 헤어지고 나서야 근처 응급실로 향할 수 있었다. 하지만 응급실을 가도 딱히 별다른 방법은 없었다. 그저 한시라도 빨리 집으로 돌아가 근처 병원을 찾으라는 말만 남기고 의사 선생님은 발길을 돌리셨다.

2
다시 폐쇄 병동으로

1인실은 안돼요.

모두가 행복한 꿈을 꾸고 있을 크리스마스 이브의 새벽, 대학병원 응급실로 향했다. 얼굴은 눈물로 엉망이었고 불안해서인지 온몸을 덜덜 떨었다. 울산에 내려간 이후부터 자살 충동이 계속되었다. 그리고 그것을 이기기 위해 매일 밤 볼펜으로 손목을 찍어야 했다. 이게 다 아무 대책 없이 울산에 내려간 내 잘못이었다. 방심했다. 그곳이 나에게 이런 고통을 안겨줄지 예상하지 못했다. 현실 속 자해가 멈추더라도 상상 속 수많은 칼과 바늘로 스스로를 찔렀다. 나는 점점 너덜너덜해져 갔다.

응급실 침대에 앉아 의사 선생님이 오시기만을 기다렸다. '어서 날 이 고통에서 꺼내 주기를.' 그렇게 간절히 빌었다. 하지만 선생님께서 오신다고 한들 달라지는 것이 없었다. 이것저것 묻는 의사 선생님의 말씀에 어떠한 답도 하지 못했기 때문에. 그저 '모르겠어요. 그냥 죽을 것 같아요.' 만 반복했다. 대답을 회피한 것이 아니라 나에겐 최선의 답변이었다. 왜 그러는지 몰 랐으니까. 왜 자꾸만 죽으려고 하는지, 왜 기억이 사라졌는지, 그게 왜 나를 불안하게 만드는지. 하나같이 나에겐 수능 4점짜 리 수학 문제 같았다.

"입원을 권유해드리고 싶어요. 그런데 자해나 자살 위험 환자 는 1인실 입원밖에 되지 않아요. 혹시나 위험한 상황이 생길 수 있기 때문에 보호자가 상주해 있어야 하거든요."

"그럼, 저 입원 안 할래요. 괜찮아요. 그냥 집에 갈게요."
선생님의 권유를 거절했다. 그럴 수밖에 없었다. 부모님이 보는 자리에선 절대 치료가 될 수 없다는 걸 알기 때문이었다. 그곳 에서도 척을 할 수는 없었다.

몇 번의 입원 권유가 있었지만 모두 뿌리쳤다. 선생님께서 걱 정스레 쳐다보셨지만 어쩔 수 없었다. 가족들에게 나약한 모습 을 보여주는 건 이 정도면 됐다. 결국, 선생님께선 제일 빠른 날 짜로 외래 진료를 예약해 주셨다. 꼭 와야 한다는 당부와 함께.

어머니와 함께 그 새벽, 눈물을 쏟았던 병원을 갔다.
"이름이 어떻게 되세요?"
"최효나요."
"앞에 의자에 잠깐 앉아 계세요."
이른 시간이라 그런지 사람은 별로 없었다. 한, 두 명쯤? 얼마 지나지 않아 이름이 불리고 알려 주신 방에 어머니와 함께 들어갔다. 안경을 쓰고 연세가 조금 있어 보이는 남자 교수님께서 앉아 계셨다. 낯선 공기에 쭈뼛쭈뼛 몸을 이끌고 등받이가 없는 갈색 둥근 의자에 앉았다.
"어서 오세요. 이틀 전에 응급실에 오셨었죠?"
"네"
"어떤 일로 오시게 된 거예요?"
교수님께서 나를 쳐다보셨고 그 눈빛에 나는 잠시 입을 열 수 없었다. 어떤 단어부터 내보내야 할지 머릿속이 복잡했다. 길지만 정리되지 않은 이야기를 털어놓기 위해선 잠시 마음의 준비가 필요했다.
"작년 10월에 약을 먹고 죽으려고 했어요. 다 합해서 50알이 넘었던 것 같아요."
고르고 고른 시작이었다.
"그래서 울산의 한 대학 병원에 입원을 했어요. 본가는 대전이지만 울산에서 대학교를 다니고 있었거든요. 근데 그때가 기억이 나질 않아요. 정신 차려보니까 12월 겨울이었어요."
그 이후 대전 본가에 올라왔고, 사람 만나는 것을 두려워하게 되었다고, 또 이틀 전, 대학 친구들과 크리스마스 파티를 하기 위해 울산에 내려갔다가 심한 불안 증세가 생겼고 그 뒤로 지금까지 자해와 자살 충동을 가지고 있다는 것을 이야기할 때쯤, 눈가에 눈물이 맺혔다. 울먹거리며 말했다. 살고 싶지 않다고. 왜 이런 아픔을 감내하면서까지 살아야 하는지 모르겠다고. 교수님께선 나를 지긋이 바라보시다 어머니에게 눈을 돌렸다.
"어머니, 아무래도 환자분은 그냥 우울증은 아닌 것 같아요. 입원을 하는 게 좋을 것 같습니다."
"하지만 저는 1인실 입원은 하고 싶지 않아요."
입원을 권유하는 교수님의 말씀에 소스라치듯 놀라 말을 꺼냈다.
"부모님께서 맞벌이를 하셔서 병실에 같이 계시는 건 불가능해요."
차마 어머니가 보는 앞에서 "부모님이 함께 있는 게 불편해요."라고 말을 할 수가 없어 그렇게 둘러댔다. 어쨌든 맞벌이도 틀린 말은 아니니까.
"지금 환자분이 죽을지도 모르는 상황에서 돈이 더 중요하다고 생각하세요?"
교수님께서 내 눈을 맞추고 말씀하셨다. 맞는 말이었기에 대꾸할 수 없었다. 말도 안 되는 핑계라는 걸 알고 있었다.
"자해나 자살 시도같이 위험한 행동을 하지 않겠다고 약속하시면 6인실로 입원할 수 있게 해드리겠습니다. 대신 약속을 지키지 못하면 가차 없이 1인실로 옮기셔야 할 거예요."
6인실이라…… 그 말도 불안하기만 했다. 다른 사람들과 함께 병실을 써야 할 텐데 내가 잘 적응할 수 있을까? 다른 사람에게 상처받지 않을 수 있을까? 내 기억이 온전히 남아있을 수 있을까? 그저 머릿속이 복잡했지만, 또 다른 방도는 없었다. 이 지랄

맞은 고통에 벗어나기 위해선 그곳이 최선일 테니까.

"네, 약속할게요."

결국, 자신 없는 약속을 하고 말았다.

트루먼과 나.

입원한 지 이틀째, 병동은 생각보다 지낼 만했다. TV도, 냉장고도, 정수기도, 심지어 탁구대도 있었다. 잠금장치가 없는 샤워실과 화장실, 커튼 없이 한 뼘 채 열리지 않는 창문도 크게 불편하진 않았다.

웬만한 이유를 제외하곤 침대 밖으로 나가지 않았다. 먼저 묻는 것을 제외하곤 다른 사람들에게 말을 걸지도 않았다. 그저 창문 밖 구름만 바라봤다. 내 또래가 없었던 것은 아니다. 다만 새로운 사람들과 관계를 맺는 것이 무서웠다.

나는 생각이 많은 편이다. 스스로 "스탑"이라고 외치지 않는 이상 계속 무언가를 떠올리고 무언가를 고민한다. 그리고 보통 생각의 끝은 그리 밝지 않다.

스스로 우울에게 먹이를 주며 나를 잡아먹기만을 기다리고 있을지도 모른다고 생각했다. 그래서 내가 겪은 모든 일이 환상일 거라고 믿었다. 이 모든 순간을 내가 만든 것일 거라고. 그렇게 나를 부정했고 또, 모든 것을 부정했다.

주치의 선생님과 첫 면담을 했다. 사흘 전, 응급실에서 만났던 그 의사 선생님이었다.
"무슨 생각 해요?"
라는 질문에
"이렇게 고통 속에 살아가는 게 제 운명일지도 몰라요. 그럼 이 모든 것이 저 때문에 생긴 일이 아닐까요? 영화 트루먼 쇼처럼 제가 트루먼이고 운명이 주변을 조종하는 거예요. 그럼 제가 겪어왔던 모든 상황을 다른 사람의 탓이라고 할 수 있을까요? 그저 제 탓인 거예요. 그렇지 않으면 이런 일들이 모두 저에게만 생길 수 없어요. 너무 아파요, 선생님. 이젠 못하겠어요. 다 그만하고 싶어요"
라고 답했다. 상담실 책상에 고개를 푹 숙이고 울먹였다. 선생님께서 웃으며 반문하셨다.
"모든 것에 불운한 사람이 있을까요? 왜 자신을 그렇게 생각해야 하나요?"
입을 앙다물고 안쪽 살을 이로 깨물었다. 고개를 들었다. 그리고 다시 말을 이었다.
"그렇지 않으면 이렇게까지 사는 게 고통스러울 수 없잖아요. 선생님, 저는요, 친아버지께서 돌아가시는 모습을 직접 두 눈으로 봤어요. 같이 죽자고 쫓아오는 아버지에게 도망쳐서 지금까지 살고 있어요. 그뿐만 아니에요. 같은 시기에 옆집 오빠에게 성추행을 당했어요. 자세히 기억하진 못하지만 한 번은 아니었어요. 마지막 날이 친아버지 장례식 날이었거든요."
목소리가 점점 떨려왔다. 눈가에 맺힌 눈물이 볼을 타고 턱 끝에 고였다.

"그 후에 어머니께서 오빠와 저를 두고 집을 나가셨어요. 사실은 아니었지만 그렇게 믿을 수밖에 없었어요. 할머니께서 어머니의 행방을 묻는 저희에게 집을 나갔다고 알려주셨거든요. 다행히 얼마 뒤, 어머니께서 돌아오셨고, 그 집을 도망치듯 떠났어요.
자주 이사를 다녔는데 외할머니 집에 살았을 땐, 친구가 없었어요. 지금 생각해 보면 소위 말하는 은따였던 것 같아요. 소풍을 가면 항상 제 옆엔 보건 선생님이 계셨거든요. 방과 후 다른 애들은 친구들과 놀 때, 저는 보건실에서 선생님께 공부를 배웠어요.
초등학교 3학년 때였나, 어머니께서 지금의 아버지를 만나셨어요. 좋은 분이지만 저와 가치관이 맞지 않아 자주 싸웠어요. 중학교 땐, 거의 매일 싸웠던 것 같아요.
맞벌이하시는 부모님 덕에 모든 집안일은 제 몫이었어요. 초등학교 6학년 때, 태어난 막냇동생을 돌보는 일까지 모두요. 다른 친구들이 교복을 입고 놀러 다닐 때, 저는 교복을 입고 포대기로 동생을 업었어요. 오빠와 밑에 동생이 한 명 더 있었지만 그러게요. 왜 저만 그렇게 해야만 했을까요.

중학교 1학년 때, 부모님께서 자영업을 시작하셨는데 결과는 좋지 않았어요. 점점 집이 가난해졌어요. 500원짜리 샤프심을 사는 것도 눈치를 봐야 할 정도로요. 어머니 지갑이 점점 비어 간다는 걸 알고 있었거든요.

이게 끝이 아니에요. 이상하잖아요. 10년이 조금 넘는 시간 동안 이런 일들을 모두 겪었다는 게."

"그중에서 효나 씨의 잘못이 있나요?"

"……. 아니요. 저는 그저 피해자였어요."

"그런데 왜 자신 때문이라고 생각하는 건가요?"

"다수보단 저 혼자를 욕하는 게 낫잖아요. 그게 합리적이기도 하고요."

나만 죽으면 되니까. 그러면 모든 것이 끝나니까.

"모든 것을 합리적이란 단어로 표현할 수 있지 않아요."

"……. 알아요."

사실 알고 있었다. 억지 부리고 있다는 것을. 핑계가 필요했다. 모든 것을 놓아버려도 나를 욕하지 못할 핑계가. 나는 비겁했다.

새해를 폐쇄 병동에서.

입원 기간 동안 나는 주로 한 가지 생각을 반복하곤 했다.
'내가 어쩌다 이렇게 됐을까?'
분명 두 달 전까지 친구들과 예쁜 카페를 갔고 맛있는 음식을 먹고 서로의 사진을 찍고 공부를 했다. 연구실에서 일도 했고, 학생회 사람들과 학부 행사를 기획했다. 마치 어제 일처럼 느껴지는 내 일상이었다. 하지만 많은 것이 바뀌었다. 일주일에 두 번, 산책 시간이 아니면 밖을 나가지 못했고 주어진 밥을 먹고 정해진 시간에 잠을 잤다.
내게 남은 것은 없었다. 모진 학창 시절을 겪으면서 내가 이룬 단 한 가지가 바로 대학교였지만 그곳에 갈 수 없다는 사실이 나를 더욱 궁지로 몰아넣었다. 그곳에 갈 수 있을 거라는 상상만으로 불안함에 고통스러웠다.

"제가 뭘 그렇게 잘못했나요?"

신을 믿지 않음에도 불구하고 가끔 허공에 대고 속삭였다. 억울했다. 열심히 살았는데, 이제 나만의 장소, 나만의 것이 있다고 생각했는데 나는 다시 모든 것을 빼앗겼다.

그러고 보면 인생은 항상 내 편이 아니었다. 어느 하나 쉽게 얻은 것이 없었다. 내 청춘조차 그런가 보다. 누구보다 꽃다울 22, 나는 죽어간다. 내 손으로 목을 조르고 살려 달라 병원에 온 나를 이해할 수 없었다. 이쯤 되면 모든 것은 내 탓이고 내 죄일지도 모르겠다. 그저 나 때문에 다른 사람들이 힘들어하지 않았으면 좋겠다.

새해가 얼마 남지 않았다. 2인실의 남자 환자의 아버지께서 초콜릿을 주셨다.
"내년엔 꼭 건강하게 퇴원해요."
그리고 이 말을 덧붙이셨다. 항상 그랬듯 웃었고 감사하다고 인사를 했다. 하지만 차마 저 말에 '그렇다.' 답을 할 수는 없었다.

어떻게 저인가요?

평일 오전 9시부터 오후 4시까지, 의대생 선생님들의 실습으로 병동이 북적거린다. 아무와 엮이지 않겠다고 다짐했는데 어느새 선생님들과 친해지고 말았다. 그들은 나에게 아무것도 묻지 않았고 바라지 않았다. 그저 함께 있는 시간을 즐겁게 보내기 위해 노력했다. 그래서였다. 다른 사람들과는 다르게 편했던 것도. 함께 탁구를 치고 보드게임을 하고 이야기를 나누는 그 시간 동안 나는 자주 웃었다. 하지만 문제는 그들이 떠난 후였다. 혼자 남겨진 휴게실에서 멍하니 창밖을 바라보며 소리 없이 울었다. 점점 미쳐가는 것만 같았다. 그들 앞에선 온갖 가식을 얼굴에 쓰고 '척'을 하면서 되돌아서면 절망하고 우는 내가 싫었다. '나는 뭘까. 뭐가 진짜일까.'

혼란스러웠다. 끔찍했다. 차라리 죽으면 이런 생각 따위 하지 않을 텐데 왜 살아서 이런 고통을 받아야 하는지 의문이 들었다. 그리고 이런 의문을 가질 때면 나는 볼펜 자국이 남은 왼쪽 손목이 간지러웠다. 또다시 붉은 피를 보게 해달라는 내 몸과 나만의 신호였다. 하지만 나는 그것을 무시해야만 했다. 교수님과 약속했으니까. 그저 가만히 손목을 바라보다 다른 손으로 상처가 보이지 않게 감싸는 것이 내 최선이었다.

기분이 어때요?

교수님과 주치의 선생님께서는 나를 만날 때마다 물으셨다.
"그때의 기분이 어땠나요?"
"그때, 무슨 생각이 들었어요?"
그럼 나는 두 가지의 답을 했다.
"모르겠어요."
"기억이 나지 않아요."
20년이 넘는 시간 동안 내 감정에 대해 생각해 본 적 없었다. 내가 무엇을 느끼는지는 중요하지 않았다. 그저 억눌렀다. 부정적인 감정이 튀어나오지 않도록. 그래서 남들이 내 진짜 기분을 눈치채지 못하도록.
주치의 선생님께서 그런 나에게 자주 말씀하셨다.
"화나면 화난다고, 싫으면 싫다고 말해도 돼요. 효나 씨의 감정은 틀리지 않았어요. 감정은 자동차 뒷바퀴와 같아서 분명히 효나 씨가 어떤 생각을 했기 때문에 감정이 생기는 거예요. 그러니 어떤 생각이 효나 씨를 괴롭게 하는 건지 우리 함께 생각해 봐요"

나는 꽤 이 말에 감동을 받았다. 아무도 나에게 그래도 된다고 말해준 사람이 없었으니까. 선생님께 보답하고 싶었다. 그래서 미리 면담 시간에 할 말을 생각해 가기 시작했다. 묻는 대답에 성실히 답하는 게 내가 할 수 있는 최선이었으니까. 그때 어떤 기분이 들었는지, 어떤 생각을 했는지, 매일 밤 잠자기 전에 정리해서 잊지 않게 공책에 적어 놓았다. 그렇게 하루, 이틀, 삼 일이 시간이 흘러 지금까지 이어졌다.

너무도 간단한 이 두 질문에 어렵지 않게 답을 할 수 있을 때쯤, 세 가지를 알게 되었다.

첫째는 감정은 꾸며낼 수 없다는 것이고 둘째는 1시간 전의 생각과 1시간 후의 생각은 다를 수 있다는 것이다. 두 가지 모두 틀린 생각은 아니다. 한 가지 일에 하나의 생각만이 존재하는 것이 아니기 때문이다. 마지막으로 순간의 감정과 그때의 생각은 스스로를 이해하는 단서가 될 수 있다는 것이다. 이유 없는 화와 이유 없는 슬픔은 없다. 그러니 더는 거짓된 감정에 흔들리는 것도, 생각에 옳고 그름을 매기는 것도, 이해하지 못하겠다고 스스로를 미워하는 것도 그러지 않아도 됨을 깨달았다. 처음엔 주치의 선생님께 잘 보이기 위해 시작한 것들이 오히려 나를 진정시키고 '그래도 된다.', '그럴 수 있다.' 라는 이유로 보듬어 주었다.

버려짐에 대한 불안함.

"효나 씨는 언제부터 불안함을 느꼈던 것 같아요?"
주치의 선생님께서 물으셨다. 불안의 시작은 어디서부터 였을까. 문득 그때가 떠올랐다.
외할머니 집에서 살고 있을 때, 특정 시간만 되면 자주 창밖을 살폈다. 창문과 멀리 떨어져 있더라도 차 소리가 나면 뛰어가 내가 바랐던 사람인지 확인했다. 가끔 날씨가 궂은 날이면 그 사람은 오지 않았다. 눈이 쌓이거나 비가 많이 내리면 구불구불한 시골길은 위험하기 때문이었다. 그 사실을 알면서도 무서웠다. 혹시 영영 오지 않을까 봐. 이렇게 버려지는 걸까 봐. 그전에도 버려진 적이 있었기에 더 초조했다.
그 사람은 바로 내 어머니였다. 매일 어머니의 기분을 살폈다. 어머니의 표정이 어두울 때면 일부로 기뻐하실 만한 행동을 했다. '제발 나를 버리지 마세요.'라는 몸부림이었다.

어머니께서 지금의 아버지를 만나고 불행하게도 버려짐에 대한 불안감은 커졌다. 내가 초등학생이었을 때, 아버지는 술을 마시면 다른 사람들과 싸우곤 하셨는데 한 번은 그 상대가 외삼촌이었다. 안방에 있던 스탠드 옷걸이가 부서지고 아버지의 귀에선 피가 났다. 아버지는 어머니에게 기대 우셨고 어머니는 그런 아버지를 그저 바라보셨다. 그리고 며칠 뒤, 학교를 마치고 집에 돌아왔는데 어머니께서 보이지 않았다. 놀란 나는 서둘러 아버지께 여쭤보았고 아버지는 내게 '집을 나갔다.'라고 답변을 하셨다. 장난인지 사실인지 알 수 없는 그 말을 나는 믿을 수밖에 없었다. 내가 생각해도 아버지의 술 버릇은 지긋지긋했으니까.

그 날밤, 나는 대책을 세워야 했다. 친자식이 아니기에 아버지께서 우릴 버릴 수 있다고 생각했다. 물론 며칠 뒤, 말없이 어머니께서 돌아오시고 모든 게 수포가 되었지만 남은 것은 있었다. 나는 언제든 버려질 수 있는 존재라는 것이다.

나는 선생님의 질문에 이렇게 대답했다.
"어머니께서 사라졌던 그 모든 순간부터요."

기대.

사람은 자신이 바라는 대로 이루어지길 원한다. 그리고 그것을 우린 기대라고 부른다. 사람들은 그 기대를 타인에게서 찾기도 하는데 이것은 양날의 검이 되기도 한다. 기대가 현실이 됐을 때, 사람은 큰 즐거움을 얻지만 반대의 경우엔 더 큰 고통을 얻기 때문에.
내가 그랬다. 나는 부모님에게 바라고 주변 사람들에게 바랐다. 큰 것을 원한 건 아니었다. 그저 사소하고 소소한 것들이었다.

어렸을 적, 자주 화상을 입었고 1년에 한 번은 정신을 못 차릴 정도로 몸살에 걸리곤 했다. 그럴 때면 나는 바랬다. "많이 아파? 괜찮아? 약 사다 줄까?" 하고 누군가 내게 말해주기를. 하지만 불행히도 그런 일은 없었다. 나의 대부분의 기대는 독이 되었다. 그 독은 나에게 실망과 아픔을 줬고 허탈하게 했다. 그리고 내 자존감을 갉아먹었다. 알고 있었다. 모르지 않았다.

"기대를 낮춰야 해요. 기대와 현실 사이에 차이가 크면 클수록 고통은 심해질 거예요."

그런 나에게 교수님께서 말씀하셨다. 타인에게 듣는 내 현실은 창피했다. 그리고 나를 책망하는 것 같았다. '네가 쓸데없이 기대하지만 않았어도 이렇게 되진 않았을 거야.'라고 말하는 것만 같았다.

왜 살아야 하나요?

<왜 사람들은 자살하는가?>라는 책을 읽었다. 그 책에서 자살은 단절된 소속감과 다른 사람에게 짐이라는 인식과 스스로 해를 가할 수 있는 용기가 뭉친 결과물이라고 했다. 그렇다면 나는 잠재적 자살인인가?
꽤 오래전부터 근본적인 물음에 빠져 있었다.
'왜 살아야 하는가?'
이 질문에 자주 괴로웠다. 나는 답을 찾고 싶었다. 한 번은 어머니께 여쭸다.
"엄마, 나는 내가 왜 살아야 하는지 모르겠어."
"그냥. 다들 그냥 사는 거야. 너도 그냥 한번 살아봐."
"근데 그게 안 돼. 나는 그냥 살 수가 없어. 내겐 이유가 필요해. 아마도 나는 전생에 철학자이었나 봐."
울음이 터져 나오려 했지만 애써 웃으며 넘겼다. 나에게 '그냥'이라는 말은 쉬우면서 어려운 말이었다. 모든 이유가 될 수 있지만 동시에 그럴 수 없었다.

다른 사람들에게 삶의 이유를 물어봤었다. 어떤 사람은 가족이 그 이유였고 또 어떤 사람은 성공이 이유였다. 또, 가끔 오는 행복이 좋아서 살아간다는 사람도 있었다. 바보같이 그들과 나는 같은 삶이 아니라는 것을 잊고 그들을 따라 했다. 학창 시절엔 가족을 위해 나를 내어주었고, 대학교 땐, 당장 행복만을 좇았다. 그리고 그 결과로 나는 이곳에 있었다.

실패했다. 답을 찾지 못하고 무너져 갈수록 그 물음에 더 집착했다. 답을 찾아야 이 지긋지긋한 상황이 끝이 날 것만 같았다. 그러지 못하면 나는 죽을 수도 있겠구나 생각했다.

그냥 우울증.

"교수님, 첫날에 제가 그냥 우울증이 아닌 것 같다고 하셨잖아요. 그럼 저는 무슨 병인가요?"
회진 오신 교수님을 붙잡고 물었다.
"성격장애를 의심하고 있어요. 확실한 진단명이 나오기 위해선 심리검사 결과가 아주 중요해요."
'성격장애' 생소한 단어였다. 예상치 못한 단어에 멍해졌다.
"일반적으로 어떤 사건을 겪으면 그 기억과 감정이 서로 분리가 되는데 환자분은 그게 잘 안되어 있어요. 과거의 기억에 부정적인 감정이 너무 붙어있어서 이 감정들을 일일이 떼어내 긍정적인 꼬리표를 달아주는 작업이 필요해요. 그래서 치료하는 데 오랜 시간이 걸릴지도 몰라요."
"아……. 네."
대부분의 말이 이해가 가지 않았다. 성격장애가 무엇인지, 감정이 물건도 아니고 똑 떼어내어 갈아 끼운다는 말은 또 무엇인지.

교수님께서 떠나고 옆자리 아이에게 물었다.

"나 성격 이상해?"

"아니요. 하나도요."

집에 갈래요.

1인실 아주머니의 아버지께서 나에게 인신공격을 하셨다. 그것도 웃으면서. 아마 내게 장난을 치고 싶으셨던 것 같지만 도를 지나친 말이었다. 그 아저씨와 평소 친한 사이도 아니었다. 그래서 더더욱 이해가 가지 않았다. 어떻게 그런 말을 함부로 할 수가 있는지. 그것도 잘 알지도 못하는 사람에게. 소름이 끼쳤다. 그리고 너무 바보 같았다. 그런 이야기를 듣고도 아무 말도 하지 못한 내가.

병실에 들어서자마자 울음이 터졌다. 다행히 그곳엔 아무도 없었다. 전날 모두가 퇴원하고 혼자 남은 6인실이었다. 그 아저씨의 목소리가 복도를 통해 병실 안으로, 내 귀속으로 들려왔다. 두 손으로 귀를 막아봤지만 소용없었다.

'죽어버려. 그런 얘기를 들어가면서 살고 싶니?'

머릿속을 맴돌았다. 나는 나를 죽이려 하고 있었다. 왜 다들 나를 죽음으로 떠미는지 화가 났다. 하지만 이렇게 죽고 싶진 않았다. 특히 이유가 그 아저씨 때문이라면 너무 억울할 것 같았다.
"살려주세요."
침대 위에 쭈그려 앉아 두 귀를 막은 채 덜덜 떨었다. 우연인지 곧 간호사 선생님께서 오셨다. 진정하라고 다독여주는 선생님께 도저히 안 되겠다고 이곳에 있고 싶지 않다고 말씀드렸다. 얼마 뒤, 내 퇴원 소식에 주치의 선생님께서 오셨다. 아직 더 있어야 한다며 말리셨지만 듣지 않았다. 치료고 뭐고 안중에 없었다. 내 완곡한 모습에 주치의 선생님께선 결국 붙잡는 걸 포기하셨다. 그리고 한 가지를 당부하셨다.
"언제든 돌아와도 좋아요."

3
마주 보기

나는 경계성 인격장애이다.

집으로 돌아가서 제일 먼저 해야 하는 일이 있었다. 바로 '성격장애'에 대해 알아보는 일이었다. 침대에 누워 노트북을 켰다. 그리고 인터넷을 열어 '성격장애'를 검색했다. 수많은 사이트 중에서 제일 눈에 띄는 곳을 선택했다. 그곳에서 성격장애의 다른 말은 인격장애라고 했다. 성격장애 그러니까 인격장애는 그 종류가 대단히 많았고 나는 나를 찾기 위해 하나씩 읽어내려갔다. 그리고 눈길을 잡아끄는 단 하나가 존재했다.

퇴원하고 첫 외래였다. 익숙한 둥근 갈색 의자에 앉았다. 그리곤 초조함을 견딜 수 없는 사람처럼 다리를 덜덜 떨었다.
"퇴원하고 어떻게 지냈어요?"
"교수님, 제가 집에 가서 인격장애에 대해 찾아봤어요."
정답을 알고 싶었다. 내 추측이 맞는지 알아야 했다. 그래서 어떻게 지냈는지 묻는 교수님의 말에 나는 다른 답을 할 수밖에 없었다. 다행히 교수님께선 그런 나를 기분 나빠하지 않으셨다.
"그랬군요."
"네, 근데 B군 카테고리에 저라고 생각되는 인격장애가 있더라고요."
"어느 것으로 생각하세요?"
"경계성 인격장애요. 혹시……. 맞나요?"
"네, 아직 결과가 나오진 않았지만 가장 큰 가능성을 가지고 있어요."
교수님께서는 확신할 수 없다고 말씀하셨지만 나는 그것일 것이라고 예감할 수 있었다. 나는 경계성 인격장애였다.

피해야 하는 여성 1순위.

교수님과 외래 이후 경계성 인격장애에 대한 정보를 닥치는 대로 모았다. 희망을 찾고 싶었다. 괜찮을 거라는 희망, 원래 내가 있던 곳으로 돌아갈 수 있다는 희망.

그러다 한 동영상을 발견했다. 수많은 사람이 보는 어느 지상파 방송국의 프로그램이었다. 그곳에서 '피해야 하는 여성 1순위'로 경계성 인격장애를 소개했다. 처음엔 당혹스러웠다. 그리고 점점 무섭고 화가 났다. 혼자 방으로 들어가 펑펑 울었다. 낙인이 찍힌 것만 같았다. 경계성 인격장애라는 사실만으로 나는 해를 끼치는 사람이 되었다. 속상했다. 내가 남들에게 입버릇처럼 하던 말이 '타인에게 폐를 끼치면 안 된다.'였고 그렇게 행동하려 노력해왔다. 근데 이 영상 하나에 모든 것이 물거품이 된 것만 같았다. 이것을 본 수많은 사람이 진짜 나를 알기도 전에 피할 수도, 손가락질할 수도 있다고 생각하니 억울했다. 저 동영상뿐만이 아니다. 많은 책과 기사들을 보면 하나같이 '

경계성 인격장애 환자 때문에 고통받는다.' 라는 사례를 쏟아
낸다. 모두가 줄지어 같은 말을 늘어놓는 걸 보니 그게 정답인
것만 같았다. 나 또한 누군가에겐 고통을 줬을지도 모른다는 생
각이 들었다. 나는 또 한 번 무너졌다.

숨기라고 했다.

누군가가 나에게 이런 말을 한 적 있다.
"정신 병력이 약점이 될지도 모르니 숨기는 게 좋지 않을까?"
수긍할 수 없는 말이었다. 내가 죄를 지은 것도 아닌데 그럴 필요가 없다고 생각했다.

퇴원하고 첫 약속이 생겼다. 고등학교 때 담임 선생님과의 점심 약속이었다. 그 누군가 내게 했던 말이 떠올라 걱정이 됐다. 숨기지 않겠다는 마음은 변함이 없지만, 상대방의 반응에 상처를 받지 않을 자신은 없었다.
"그동안 어떻게 지냈니?"
"병원에 있었어요. 퇴원한 지 이제 일주일 됐어요."
"무슨 병원? 어디 아팠어?"
"자살 시도했어요."
"뭐라고? 미쳤나 봐, 애가."

별것 아니라는 듯이 웃었다. 선생님의 그다음 말을 예상할 수가 없었다. 최악을 상상해야 했다. 그래야 대비를 할 수 있으니까.
"많이 힘들었니?"
하지만 그럴 필요가 없었다. 선생님께선 내가 먼저였다.
"아무것도 생각하지 말고 건강만 해."
헤어질 때까지 태도는 변함없으셨다. 여전히 나를 걱정스럽게 바라봐 주셨다.

그러고 보니.

그러고 보니 주치의 선생님께서 나에게 자주 이런 말씀을 하셨다.
"생각이 너무 양극단으로 치우쳐져 있어요. 생각의 중심을 잡는 것이 중요해요."
이 말은 내가 살이 쪘기 때문에 죽고 싶다고 했을 때도, 부모님께서 한 번도 내 안부를 물은 적이 없다고, 그래서 죽고 싶다고 했을 때도 항상 같은 말씀을 하셨다.
"살찐 게 왜요? 그래서 왜 효나 씨가 죽어야 하나요?"
"정말일까요? 효나 씨의 부모님께선 한 번도 효나 씨의 안부를 걱정한 적이 없을까요?"
라는 말도 함께 덧붙이셨다.
생각해 본 적 없었다. 나에겐 당연한 순서였다. 내가 예쁘지 않기 때문에 나는 죽어야 했고 부모님께서 내 걱정을 하지 않는 것같아 죽는 게 낫다고 생각했다. 이것이 '극단적'이었음을 한 번도 깨닫지 못했다. 나는 경계성 인격장애임을 진단받았을 때 야 알 수 있었다. 왜 주치의 선생님께선 내가 이해하지 못할 말을 매일 반복하셨는지, 인터넷에 쓰여있는 경계성 인격장애 환자들의 특징들에 나는 그렇지 않음으로 바랬지만, 사실 그 모든 글이 작은 나였음을 깨닫기까지 조금의 시간이 필요했다.

나를 인정해주세요.

혼자 남겨진 집에서 드라마를 보고 있었다. 조연의 여자 배우가 정신 병동에 갇힌 장면이 나왔을 때, 아버지께서 일을 마치고 돌아오셨다.
"왜 저런 걸 보고 있어?"
"저 드라마가 어때서? 엄청 재밌어. 내가 있던 정신 병동은 안 저런데, 나름 시설도 좋았다고."
"왜 정신병자처럼 말을 해?"
아버지의 말에 의문이 들었다.
"아빠, 나 2주 전까지 정신 병동에 있었어."
"너 정신병자 아니야. 그냥 잠깐 마음이 아팠을 뿐이야."
아버지께서는 내가 정신병이 있다는 걸 믿기 싫으신 듯했다. 그리고 그 모습이 마치 나를 부정하는 것처럼 보였다. 나는 그 모습을 오래 보고 있을 수가 없었다. 내 앞에서 나를 부정하는 아버지를 마주한다는 건 꽤나 화나고 꽤나 미안했으니까. 아버지께서 내가 상처받았음을 알지 못하게 조용히 거실을 나와 불이 꺼진 방으로 향했다. 나는 다시 암흑 속으로 들어섰다.

자꾸 죽으려고 해요.

잠이 문제였다. 이리저리 뒤척거리며 겨우 잠에 들어도 한 시간에 한 번, 잠에서 깼다. 잠을 자지 못하면 불안했다. 부족한 잠은 나를 자꾸만 못된 생각 속으로 이끌었다.

이럴 때를 대비해 입원했을 때 주치의 선생님께서 알려주신 방법이 있었다. 일명 '안정화 기법'이라고 불리는 이 방법은 눈을 감고 숨을 마시고 내뱉음에, 내가 밟고 있는 땅의 질감과 주변의 소음 하나하나에 집중하는 것이었다. 이것을 시도하면 서서히 나와 내가 느끼던 고통이 분리됨을 느꼈다. 그땐 모든 고통이 나의 것이 아니었다. 하지만 그렇지 못한 순간도 있었다. 이날따라 몹시 지독했다. 불안이 나와 끈으로 연결되어 있는 것처럼 내가 어딜 가던 줄줄 쫓아왔다. TV를 봐도, 책을 읽어도 마찬가지였다. 결국, 초저녁쯤, 마지막 방법을 쓰기로 했다. 안방으로 뛰어들어가 어머니를 깨웠다.

"엄마, 나 입원해야 할 것 같아."

그 길로 슬리퍼를 신고 응급실로 향했다. 침대를 배정받고 수액을 맞았다. 어머니께서 심란한 표정으로 침대 옆 의자에 앉아 나를 바라보았다.

"뭘 새삼스럽게 그래."

일부러 더 활짝 웃었다. 왠지 모를 화에 속이 꿈틀거리고 손목이 간지러웠지만, 티를 내지 않았다. 나는 여전히 '척'을 했다. 30분쯤 지났을 때, 주치의 선생님이 아닌 다른 선생님께서 오셨다.

"어떻게 오셨어요?"

"자꾸 약 먹고 죽으려고 해서 제 발로 왔어요."

"잘 오셨어요. 어제부터 주말까지 주치의 선생님께서 휴가여서 제가 대신 왔어요."

가는 날이 장날이라고 주치의 선생님께서 휴가라니. 내 빌어먹을 운빨에 헛웃음이 나왔다.

"그런데 지금 안에 환자분들이 주무시고 계셔서 바로 입원이 안 되시고 내일 아침에 교수님께서 오셔서 입원장을 써주셔야 그다음에 입원이 가능하세요. 괜찮을까요?"

"그럼 응급실에 계속 있어야 하나요?"

"네, 그래야 할 것 같아요."

어쩔 줄 모르는 얼굴로 어머니를 바라봤다. 내일은 평일이었다. 그러니까 어머니께서는 아침 일찍 출근을 해야 했다.

"어쩔 수 없지, 그렇게 할게요."

"네, 그럼 불편하시겠지만 부탁드릴게요. 내일 아침 8시쯤에 다시 오겠습니다."

선생님께서 가시고 어머니께 여쭸다.

"엄마, 내일 출근은?"

"못하지. 연차 쓰면 돼. 괜찮아."

괜찮다 웃는 어머니의 모습이 나는 너무도 불편했다. 어찌 보면 당연한 일인데도 편히 쉴 수가 없었다. 계속 어머니 눈치를 살피고 분위기를 띄우기 위해 괜히 웃어 보였다. 받는 것이 익숙지 않았기에 어쩔 수 없었다.

몇 번이나 깼는지 모르겠다. 피곤함에 깨질 듯한 두통을 이겨내고 눈을 떴을 때, 시계는 8시를 조금 지나고 있었다. 그리고 얼마 뒤, 교수님께서 오셨다.

"잘 왔어요."

교수님께선 나를 반기셨다. 그리고 곧바로 입원장을 써 주셨다.

입원 서류를 작성하기 위해 간호사실에 남은 어머니를 등지고 익숙한 병실로 들어섰다. 병실은 허전했다. 싸늘하게 비어 있는 병실엔 숏컷의 젊은 여자만이 온기를 내뿜고 있었다. 내 자리는 왼쪽 창가였고 그 여자의 맞은편이었다. 마음에 들었다. 병동이 고층에 있어서 그런지 하늘이 바로 옆에 있는 것만 같았다.

고통에서 벗어나는 방법.

위에서 말한 '안정화 기법'은 자살과 자해 충동이 심해질 때마다 주치의 선생님께서 그 고통에서 벗어날 수 있도록 알려주셨던 방법이다. 마치 명상과 비슷한 이 방법은 눈을 감고 지금 내 현재에 집중하는 게 핵심이다. 내가 밟고 있는 이 땅이 얼마나 단단한지, 혹은 외부의 요인 때문에 생기는 땅의 울림의 정도나 창밖 너머 들려오는 사람들의 말소리, 자동차의 엔진 소리, 바람이 부는 소리 또, 내 주변 가까이에서 들리는 물건을 옮기는 소리, 의자를 끄는 소리같이 사소한 소리와 움직임에 온 힘을 다해 집중한다.

이 방법은 공황이 왔을 때도 사용할 수 있는데 신기하게도 내 진짜 감각과 가짜 감각을 구분하기에 탁월했다. 예를 들어 공간이 울렁거리고 숨이 막히는 것 같은 고통은 진짜가 아니다. 다만 내 뇌가 실제 상황이라고 반응하며 나를 속이는 것이다. 그런데 지금, 현재에 집중하며 내 모든 감각이 느끼는 바를 하나씩 짚어나가다 보면 거짓된 상황에서 벗어나게 된다. 별거 아닌 것처럼 보이는 이 방법은 생각한 것보다 훨씬 훌륭하고 즉각적인 효과를 볼 수 있다. 마치 낭떠러지에서 떨어진 내게 내려온 동아줄 같다.

아직 익숙하지 않아 이 방법이 어렵다면 가만히 제자리에서 뜀뛰기를 해도 좋다. 뛰는 박자에 맞춰 숨을 내뱉고 마시는 것에 집중하는 것만으로 사소하지만 날카로운 고통에서 벗어날 수 있을 것이다.

처음으로 스스로를 그것이라고 소개했다.

첫날 병실은 조용했다. 여자는 나에게 말을 걸지 않았고 나 또한 그랬다. 여자가 궁금하지 않았던 것은 아니었다. 다만 여자의 마음이 나와 같은지 알 수 없으니 섣부르게 다가설 수 없었다. 그리고 이튿날도 마찬가지였다. 우리 둘은 고요한 분위기 속에서 각자 책을 읽고 있었다. 그러다 여자가 먼저 말을 걸어왔다.
"저, 몇 살이세요?"
"스물셋이에요. 그쪽은 요?"
"저는 스물두 살이에요."
여자는 손을 꼼지락거렸고 자주 땅을 봤다. 여자는 나를 언니라고 불렀고 나는 여자에게 말을 놓기로 했다. 그리고 여자는 자신의 이름이 진영이라고 했다. 진영이는 만난 지 이틀밖에 되지 않은 나에게 자신이 이 병동에 들어온 이유를 털어놓았고 나는 묵묵히 들었다. 그리고 자신의 이야기가 끝나자 나에게 물었다.
"언니는 어디가 아파서 이곳에 오게 됐어요?"

그리고 아직 믿기지 않은 단어를 끄집어냈다.

"나는 경계성 인격장애야."

처음으로 스스로를 그것이라고 소개했다.

해리.

입원하고 나서도 잠은 나를 괴롭혔다. 교수님께서 수면제를 늘려 주셨지만 소용없었다. 여전히 한 시간에 한 번꼴로 잠에서 깼다. 덕분에 낮에도 온전한 정신으로 깨어 있을 수 없었다. 피곤이 나를 잠식했다.

결국, 낮잠을 자려 했다. 하지만 그럴 수 없었다. 어느 날부터 낮이 되면 몸에 힘을 풀 수 없었다. 눈을 감으면 깊은 바닷속이 기다리고 있었고 바닥이 보이지 않는 그 바닷속에 빠져들었다. 가끔은 몸에 힘을 풀지 않아도 비슷한 일이 일어났는데 그때는 주변의 모든 것들이 둥둥 떠다니고 '내가 여기서 뭐 하는 거지?'라는 물음을 남기곤 했다.

교수님께선 이것을 해리라고 하셨다. 견디지 못할 고통을 느낄 때, 몸이 스스로를 지키기 위해 켜는 방어기제라고 덧붙이셨다. 그리고 이것에서 벗어나기 위해선 이전에 주치의 선생님께서 알려주신 현재에 집중하는 방법이 도움 될 것이라고 하셨다. 하지만 그 방법이 심해 속에 둥둥 떠다니는 나를 끌어올려 줄수록 해리는 더 자주 왔다. 해리에서 빠져나갈 수는 있었지만, 아예 찾아오지 못하도록 막을 수는 없었다.

무방비 상태.

휴가를 끝내고 돌아오신 주치의 선생님과 면담을 했다. 오랜만에 마주한 자리에서 나는 해리의 괴로움에 펑펑 울고 말았다.
"눈을 감고 힘을 푸는 행위가 왜 해리를 불러올까요? 떠오르는 기억이 있을까요?"
선생님께서 물었다. 그리고 가만히 생각하다 무언가 떠올랐다. 나는 그때, 깜깜했고 눈을 감고 있었고 무방비 상태였다.
"마지막으로 성추행을 당했던 날이요. 아버지 장례식 때문에 어머니께서 저랑 오빠를 그 집에 하룻밤 맡겨 놓으셨거든요. 그 날밤, 그 남자가 잠든 저를 안아 들고 방으로 데려갔어요."
그전까지 성추행에 대한 트라우마는 없다고 생각했다. 너무 어렸고 잘 기억이 안 났으니까. 하지만 이것 말고는 없었다. 그리고 생각했다. 지금 내가 이 일에 대해 아무렇지 않게 생각하는 건 내 몸이 그때의 기억과 감정을 지웠기 때문은 아닐까?
신기하게도 면담 이후 해리의 빈도수는 크게 줄었다. 눈을 감고 몸에 힘을 풀어도 조금의 불안감만 있을 뿐 해리가 오진 않는다. 마치 그때를 잊지 말라고 내 몸이 나에게 보낸 신호인 것만 같았다.

마침표를 찍다.

심리 검사 결과가 나왔다. 스스로 예감하고 있음에도 확인하고 싶었다. 혹시 아닐 수도 있으니까. 할 수만 있다면 나는 부인하고 싶었다.

"선생님, 저는 경계성 인격장애가 맞나요?"

"네. 맞아요."

하지만 이미 마침표는 찍혔다. 이젠 돌이킬 수 없었다.

"인터넷을 찾아보니 좋은 얘기가 없더라고요."

"효나 씨는 자신에 대해 궁금증이 많은 것 같아요. 자신을 알아가는 건 좋은 거죠. 하지만 인터넷에 나와 있는 정보 중 모두 옳은 것은 아니에요."

"자해와 자살률이 높고 제일 피해야 하는 인격장애래요."

"맞아요. 안타까운 선택을 하는 분들이 많으시죠. 하지만 치료 받고 열심히 살아가는 분들도 많아요. 그리고 제일 피해야 하는 인격장애라. 어떤 기준으로 그런 걸 결정하는지 모르겠네요."

"그럼 치료하는 데 얼마나 걸릴까요?"

"1년이 걸릴지, 2년이 걸릴지 혹은 그 이상일지 알 수 없어요. 치료할 수 없을지도 모르고요. 성격을 바꾼다는 건 쉬운 일이 아니거든요."

선생님의 마지막 말에 온몸에 힘이 빠졌다. 끝을 알 수 없는 미로 속에 갇힌 것만 같았다. 도대체 내가 무얼 그리 잘못했길래 나에게 이런 일이 생기는 건지 화가 났다.

치료는 계속되어야 한다.

점점 지쳐갔다. 매번 주치의 선생님과 면담을 할 때마다 보기 싫은 내 모습을 발견하기도 하고 지우고 싶은 과거가 상기될 땐 갈가리 찢기는 것만 같았다. 이대로 계속 치료를 이어 나가야 하는지 의문이 생겼다. 치료하지 못할지도 모른다는데 혹시 시간만 낭비하는 꼴이 될까 무서웠다. 하지만 답을 내릴 수 없었다. 그래서 전화를 걸었다. 나를 도와줄 이에게.

"여보세요"
"어, 오랜만이야!"
"뭘 오랜만이야. 어제도 전화했잖아."
평소 자주 연락하고 지내는 친한 오빠인 A였다.
"오빠, 나 고민이 있어."
"응, 말해."
"치료하는 데 얼마나 걸릴지 모른대. 아예 못 나을 수도 있대. 그래서 무서워. 매일 10분 면담하는 것도 너무 힘이 드는데 이

걸 몇 년이고 반복해야 하잖아. 엄두가 안 나. 계속 치료를 받아야 하는 걸까?"

"뭘 그런 걸 물어. 방법이 없다는 것도 아니고 힘들겠지만 있다잖아. 그럼 해야지. 밑져야 본전 아니야? 지금보단 나아지겠지."

A가 내려준 답은 너무도 간결하고 옳았다. 쓸데없는 걱정을 했다. 나에겐 선택지는 없었다. 만약 낫지 못한다고 하더라도 치료는 계속되어야 했다. 지금보단 나은 삶을 살 수 있을 테니까.

꾀병.

다들 나에게 왜 폐쇄 병동에 들어왔는지 묻는다. 그럼 나는 웃으면서 말했다.
"우울증이에요."
그럼 내 말에 다들 놀라곤 했다. 전혀 그렇게 보이지 않는다고. 너무도 밝다고. 그 말을 들을 때마다 나는 생각에 잠긴다.
'내가 정말로 아픈 게 맞을까? 다른 사람들은 모두 나보고 괜찮아 보인다고 하는데 진짜 괜찮은 거 아닐까? 나는 꾀병을 부리고 있는 건가?'
내가 진짜로 웃고 있는 것인지 아니면 습관인지 이제 헷갈린다.

"선생님, 병동 환자분들이 다들 저 보고 괜찮아 보인데요. 저는 꾀병을 부리고 있는 걸까요?"
"왜 그분들이 그렇게 생각을 했을까요?"
"제가 매일 웃고 있으니까요. 사실 재밌어서 웃는 게 아니라 그저 습관처럼 나도 모르게 그러는 건데 사람들은 몰라줘요."
"효나 씨, 그래서 말을 해야 해요. 사람들은 말을 하지 않으면 속에 있는 마음을 몰라요. 알 수가 없죠. 사람들이 효나 씨의 외형 만을 보고 판단하는 이유는 그것 때문일지도 몰라요. 물론 겉만 보고 판단하는 것이 좋은 행동은 아니지만요. 그리고 효나 씨가 꾀병인지 아닌지는 스스로 잘 알고 있잖아요?"
혹시 나도 그러진 않았을까? 내 주변 사람들의 겉만 보고 '저 사람은 저런 사람.'이라고 멋대로 판단해버리지 않았을까? 말을 하지 않는 것도 문제지만 그렇다고 그 사람의 외적인 모습만을 보고 내 멋대로 판단해버리진 않았을까?

2인실 여자.

적막한 병동에 큰 소리가 울려 퍼졌다. 진영이의 목소리였다. 무슨 일인지 걱정돼서 찾아가니 샤워실 앞에서 어제 2인실에 새로 들어온 여자 환자분과 진영이가 대화하고 있었다.
알고 보니 새로운 환자분이 진영이가 씻고 있는 것을 몰랐는지 문을 벌컥 열어버린 것이다. 2인실 환자분이 미안해 발을 동동 구르는데 나는 그 모습이 꽤 웃겼던 것 같다.
그래도 이 사건 덕분에 2인실 환자분과 친해지게 되었다. 2인실의 그녀는 나보다 한 살 많았고 이름은 '은솔'이었다. 우리는 금세 언니, 동생 하는 사이가 되었다. 날마다 셋이 몰려다니며 탁구도 치고 TV도 봤다. 은솔 언니와는 이상하게 아무 말을 하지 않았지만, 서로를 이해했다. 나는 그 점이 너무 좋으면서 한편으로 미안했다. 혹시 내 힘듦이 언니한테 옮겨갈까 두려웠던 것 같다.
보통의 부모님들이 자식들에게 느끼는 감정을 나는 은솔언니와 진영이에게 느꼈다. 나는 얼마든지 고통스러워도 좋으니 이들만큼은 행복하기를, 그렇게 바랐다.

자존감.

나는 자존감이 굉장히 낮은 편이다. 예전 친했던 친구가 내 자존감을 낮추며 자신의 자존감을 높였던 아이였기 때문인지, 아니면 그냥 나 자체로 자존감이 낮기 때문인지, 내 자존감은 땅을 뚫고 들어가기 일보 직전이었다. 아무도 나를 사랑하지 않을 것 같다. 아무도 나를 원하지 않을 것 같다. 나를 필요로 하지 않을 것 같다. 그래서 '항상 외로워하는 것은 아닐까?' 하는 생각이 들었다. 이런 자존감으론 내 상태는 영원히 좋아질 수 없을 것만 같았다.

공책을 꺼내 나에 관해 쓰기 시작했다. 그러다 보면 장점들도 발견하게 되겠지. 그럼 조금이라도 내가 괜찮은 아이인 느낌을 받지 않을까? 할 일 없는 이 병동에서 시간이라도 때우자는 마음으로 시작한 일이었다.

1. 생각보다 운동을 잘한다. (탁구를 잘 친다.)

2. 욕심이 많다.
3. 자주 웃는다.
4. 서점을 좋아한다.
5. 고소공포증이 있다.

.

.

.

하지만 39번이 됐을 때, 더는 쓸 게 없었다. 이건 큰 충격이었던 것 같다. 나니까, 나에 대해서 모르는 게 있을 리가 만무하다고 생각했다. 그런데 이제 갓 20년을 넘긴 내 인생에 대해 나는 38개밖에 알지 못했다. 이래서인가, 내가 살아야 할 이유도 의미도 찾지 못한 것이. 그제야 내가 아픈 이유를 조금 알 것 같았다.

몰래카메라.

은솔 언니, 진영이와 함께 의대생 실습 선생님들을 위한 몰래카메라를 준비했다. 곧 한 달이 되어 퇴원할 우리의 헤어짐에 대한 인사였다. 몇 번의 입원을 했지만 이런 서프라이즈를 준비하는 건 처음이었다. 그만큼 이번 선생님들은 조금 특별했다. 나 혼자만의 생각일지도 모르겠지만 헤어짐이 아쉬울 정도였다.

선생님들이 오시는 아침 9시, 몰래 카메라의 시작이었다. 은솔 언니와 진영이가 휴게실에서 큰 소리를 내며 싸우면 나는 휴게실 문밖에서 혼자 어쩔 줄 몰라 하며 선생님들이 진짜라고 믿도록 바람을 넣기로 했다. 우린 8시 30분부터 혹시나 하는 실수에 대비해 리허설까지 하며 몰래카메라가 성공하길 바랐다. 그리고 8시 50분쯤 됐을까, 저 멀리서부터 선생님들의 발소리가 들렸다. 나는 서둘러 휴게실 밖에서 심각한 얼굴로 문에 기대어 있었고 언니와 진영이는 다투는 소리를 냈다.

"너만 힘들어? 나도 힘들어."

"죄송해요, 언니."

점점 내 쪽으로 다가오던 선생님들이 휴게실 안에서 들리는 소리를 듣고 표정이 심각해졌다. 그리곤 조용히 내게 무슨 일이냐 물었다.

"진영이가 전부터 힘들다는 소리를 자주 했는데 그거 때문에 은솔 언니가 화가 좀 났나 봐요."

휴게실에 들어가지도 못하고 문밖에서 어쩔 줄 모르는 선생님들을 보니 성공했다는 생각에 기분이 좋아졌다. 물론 겉으론 티 내지 않았다.

몇 분이 채 지나기 전에 은솔 언니가 휴게실 문을 박차고 나와 복도를 지나 병실로 들어갔다. 그리고 나는 짜인 대본대로 선생님들께 말했다.

"선생님, 제가 은솔 언니한테 가볼 테니까 진영이 좀 달래주세요."

그렇게 나는 은솔 언니에게 달려갔고 병실 문을 열자마자 침대에 웃음을 참으며 앉아 있는 은솔 언니 모습에 웃음이 터졌다. 다행히도 선생님들은 모두 휴게실 안 진영이에게 관심이 쏠린 상황이라 환히 웃고 있는 나를 보진 못했다.

"어떻게 됐어?"

"완전 성공이에요, 언니."

"다행이다."

우리는 몇 마디를 더 주고받고 웃음이 번진 얼굴을 진정시키며 병실 밖으로 나왔다. 그리곤 언니를 선두로 휴게실로 돌아갔다. 휴게실에는 진영이가 무릎 사이로 얼굴을 푹 숙이고 있었고 그런 진영이를 선생님들이 둘러싸고 있었다.
"얘기 좀 해."
은솔 언니가 진영이를 불렀다. 진영이는 고개를 들고 우리를 바라봤다. 그리곤 우리 셋은 서로 눈빛을 주고받았다. 그리곤 누가 먼저랄 것 없이 외쳤다.
"몰래카메라!"
우리는 벙찐 선생님들을 두고 병실로 도망쳤다. 몰래카메라는 대성공이었다.

퇴원 날짜를 잡았다.

퇴원 날짜를 잡았다. 부모님의 일정에 맞춰 그 주 토요일에 하기로 주치의 선생님과 교수님께 말씀드렸다. 교수님께서는 일주일 더 있으면 좋겠다고 하시면서 말리긴 했지만, 일주일 더 있으나 덜 있으나 변하는 건 없을 것 같아 이번 주에 하겠다고 단호히 말씀드렸다. 교수님께서 어쩔 수 없다는 표정을 지으시곤 "정 힘들면 다시 돌아와요."라고 하셨다. 장난인지 진담인지 알 수 없는 말이었지만 나도 그렇게 생각했기 때문에 고개를 끄덕였다.

4
힘들게 해

언제쯤 돌아갈 수 있을까?

퇴원하고 바뀐 메신저 상태 메시지에 오랜만에 대학교 친구에게 연락이 왔다.
"효나야, 오랜만이네. 언제 학교와? 보고 싶다."
나도 보고 싶었다. 하지만 그가 그리운 마음보다 언제 학교에 올 수 있냐는 말에 머릿속이 복잡해지기 시작했다.
"아마 2년쯤 걸릴 것 같아. 나도 학교 다니고 싶다."
"그러다 너 30살에 졸업하는 거 아니야? 너무 보고 싶다"
핸드폰을 올리는 친구의 메시지에 마음이 더 복잡해졌다. 30살……. 그때면 가능할까? 그때면 학교에 가서 원하는 공부를 할 수 있을까? 장난인 줄 알면서도 마음이 상해버리는 내가 싫었다.

희망이 필요해.

이틀 전에 주문했던 <키라의 경계성 인격장애 다이어리>가 도착했다. 이 책을 선택한 이유는 별것 없었다. 내 병과 관련된 책이 별로 없기 때문이랄까. 궁금했다. 경계성 인격장애는 어떻게 살아갈까? 계속되는 공허함으로 힘들었을까? 모든 인간관계에서 버려질 것 같은 마음 때문에 매 순간 눈치를 살피며 살아갔을까? 괴로웠던 예전 생각만 해도 해리 증상이 몰려와 자신을 괴롭혔을까? 조금의 힘듦이 느껴지면 손목을 들여다보며 자해 생각을 했을까?

그 책을 읽으면서 공감과 위로를 받고 싶었다. 나만 느끼는 감정이 아니라고, 결국엔 다 이겨내고 잘 살고 있노라고 말이다. 하지만 5페이지를 채 넘길 수 없었다. 읽는 동안 너무 괴로웠다. 사실 그때까지도 경계성 인격장애라는 것에 대해 100퍼센트 받아들이지 못했다. 하지만 책에서 나와 같은 행동을 하는 주인공을 보았을 때, 실감할 수 있었다. '내가 경계성 인격장애구나.' 머릿속에서 생각이 떠나지 않았다. 경계성 인격장애에 대한 치료가 어렵다는 것을 알고 있기 때문에 내 미래가 더욱 암울하게 느껴졌다. 그래서 더는 읽지 못했다. 책을 잡고 있던 손을 올려 얼굴을 가렸다. 긴 한숨을 내뱉었다. 그때 아버지께서 방문을 두드리셨다. 혹시라도 아버지께서 걱정하실까 봐 얼굴에 자리 잡은 손을 얼른 내리고 방문을 열었다.

무슨 맛인지 모르겠다.

"효나야, 우리 막국수 먹으러 갈까?"
집에서 차를 타고 30분 거리에 있는 막국수 집이 있었다. 어머니께서 맛있다는 말씀을 자주 하셨기에 아버지께서 말씀하신 곳이 그곳이라는 것을 바로 떠올릴 수 있었다.
"웬 막국수?"
"아니 그냥. 우리 딸 드라이브 좀 시켜주려고."
"알았어, 나 머리만 감고"
그래, 집에 혼자 있다 보면 기분 나쁜 생각이 꼬리를 물고 나를 쥐어뜯을 게 뻔하다. 퇴원한 지 일주일이 채 되지 않았다. 나쁜 생각 속에 잠기다 보면 당장에라도 병동으로 돌아가겠지. 아버지를 따라 드라이브를 하다 보면 기분이 한결 나아질 것이다. 욕실에 들어가 머리를 감고 이를 닦았다. 거실에 나와 젖은 머리를 이리저리 손으로 빗질하고 옷을 갈아입었다.
"아빠, 나 준비 다 했어."

"그래. 차, 가게 쪽에 있어."

우리 집은 입구가 두 곳인 3층짜리 빌라이다. 한쪽은 큰 도로를 향하고 다른 한쪽은 작은 상가로 향해있었다. 상가로 향하는 문으로 나와 앞쪽에 주차된 남색 카니발에 올라탔다. 큼큼한 차 냄새가 코를 찔렀다.

"아빠, 깁스는?"

아버지께서 얼마 전, 왼쪽 어깨를 수술하셨다. 아버지께선 창문을 만들고 시공까지 하는 일을 하셨는데 계속되는 고된 일 때문에 내가 병원에 입원해 있는 사이 어깨의 인대 네 개가 끊어져 결국 4시간에 걸친 수술을 하셨다. 나는 요 며칠 이 일 때문에 마음이 편하지 못했다. 우리 집은 아버지, 어머니, 오빠, 나, 여동생, 남동생까지 있는 대식구인데 그래서 부모님께서 맞벌이를 함에도 항상 금전적인 문제가 있었다. 물론 처음부터 그러진 않았다. 중학교 때 아버지께서 차린 중국집이 망하면서 가정 형편이 급격하게 기울었고 그런 가정 형편은 쉽게 나아지지 않았다. 지금은 그나마 먹고 살 만큼은 좋아졌지만, 아버지께서 수술 때문에 적어도 두 달은 일을 하지 못하자 나아졌던 형편이 다시 기울기 시작했다. '나라도 일자리를 알아봐야 하나.' 라는 생각을 했지만, 일을 하며 받을 스트레스 때문에 감히 엄두는 못 내고 있었다.

"운전할 때 불편해서. 괜찮아."

깁스를 하지 않고 운전하시는 아버지의 모습에 조금 못마땅했지만, 더 이야기하면 괜히 싸울 것 같아 말을 줄였다. 조수석에 앉아 창문을 바라보았다. 그날따라 구름이 하얗고 예뻤다. 기분이 조금씩 좋아지는 듯했다. 하지만 곧 기분은 더 땅을 향해 곤두박질쳤다.

"오늘 산재 때문에 어딜 다녀왔는데, 산재 심사가 두 달은 걸린 다네. 두 달 동안 돈이 없어서 큰일이야."

도대체 왜 이런 말씀을 하시는 걸까? 정신병원에서 퇴원한 지 일주일도 채 되지 않았다는 것을 잊어버리신 걸까? 나에게 그런 말을 해서 무엇이 달라지는 걸까? 혹시 일을 하길 원하시는 걸까? 또다시 생각이 꼬리에 꼬리를 물고 나를 괴롭히기 시작했다. 결국 '자살해서 죽으면 보험비라도 나오지 않을까?' 하는 생각까지 도달했다. 멍청한 생각인 줄 알지만 정말로 내가 죽어서 집이 금전적으로 편안해진다면 기꺼이 행동을 옮길 수 있었다.

아니, 사실은 도망치고 싶었다. 집에 도움을 주기 위해서라는 이유를 가장해 돈으로부터 자유로워지고 싶었다. 결국, 생각이 극단까지 치솟고 말았다. 그동안 나를 괴롭혔던 패턴이다. 생각의 중심을 잡지 못하고 극단의 선택을 하고 마는 것. 이런 생각 하지 않겠다고 했으면서 또다시 반복해버린 내가 너무 한심하게 느껴졌다. 또 그런 말씀을 하신 아버지가 미워졌다. 결국, 기분은 나아지지 않았다. 30분을 달려가 먹게 된 막국수가 무슨 맛이었는지 기억이 나질 않는다. 그저 머릿속에서 나를 수십 번

죽이고 할퀼 뿐이었다. 배는 불렀지만 마음은 텅 비어 있었다.

보험금.

은솔 언니, 진영이와 점심 약속이 있었다. 퇴원하고 처음 만나는 자리라 그 어느 날보다 예쁘게 화장을 하고 약속 장소로 나섰다. 만나서 맛있는 점심도 먹고 사진도 찍어서 SNS에 업로드도 하고 카페도 가서 이야기도 나눴다. 오랜만에 집 밖 나들이라 즐거웠다. 오래 간만에 느끼는 긍정적인 감정이었다. 그렇게 하루가 끝나면 좋으련만. 내가 웃었던 만큼 나에게 고통을 주는 건지 그 하루의 진짜 시작은 저녁 8시, 집에 도착한 순간부터였다.
"아빠한테 이런 연락이 왔는데 이게 뭐니?"
아빠가 보여준 문자 메시지 한 통에는 12월부터 이번 달인 3월까지 보험금이 미납되었다는 소식이 적혀 있었다. 또 미납된 보험금 때문에 보험이 해지될 거라는 것 또한 적혀 있었다.
"아빠 보험이 해지된다는데?"
"그게 무슨 소리야?"
"보험금이 안 냈어? 12월부터 보험금을 안 냈다고 쓰여 있는

데?"

"아……. 이거 엄마가 내던 건데 큰일 났네. 이거만 믿고 있었는데."

마른하늘에 날벼락 맞는다는 게 이런 건가. 가뜩이나 아버지께서 아프셔서 수입도 반으로 줄었는데 아버지 수술에 대한 보험금을 받지 못한다니. 얼이 빠졌다. 진작 아르바이트를 시작했어야 했나? 옛날에 정말 힘들었던 그때로 돌아가면 어떡하지. 가만히 있을 수가 없었다. 마음이 점점 불안해지고 손톱을 뜯기 시작했다. 초조하게 어머니께서 퇴근하고 돌아오시기만을 기다렸다.

'보험사에서 메시지를 잘못 보낸 걸 거야. 설마 어머니께서 깜박했을 리가 없어. 만약 진짜면 어떡하지? 부모님께 돈이 얼마나 있을까? 두 달을 버틸 수 있을까? 아니 한 달은 버틸 수 있을까?'

또다시 시작된 생각의 굴레에서 벗어나지 못했다. 끝이 없는 부정적인 생각에 마음은 더욱더 불안해졌다.

'그때로 돌아가면 어떡해. 아르바이트라도 해야 하나? 정말 하기 싫은데. 일하다 스트레스를 받아서 끊은 자해를 다시 하게 되면 어떡하지? 다시 자살 시도를 하게 되면?'

나에게 옛날 돈 때문에 힘들었던 그 시절은 평생 지울 수 없는 상처다. 매일 밤을 몰래 울다가 지쳐 잠에 들었던 그 시절의 나를 생각하자 점점 미쳐가는 듯했다. 그때, 일을 마치고 어머니께서 돌아오셨다.
"이런 연락이 왔는데 뭐예요?"
아버지께서 어머니께 문자 메시지를 보여줬다.
"어? 이게 왜 안 나갔지?"
"통장 확인 안 했어?"
"아니 나는 당연히 나갔는지 알았죠. 일 때문에 바빠서 확인을 못 했어요."
아버지의 표정이 점점 굳어갔다. 조용히 그 얘기를 듣고 있던 나는 벌떡 일어나 방으로 들어갔다. 더 이상 듣고 있을 수가 없었다.
'끝났어. 그때로 다시 돌아가겠지. 나는 가난에서 벗어날 수 없어.'
손목이 간지럽기 시작했다. 자해가 나를 부르는 신호다. 정신적으로 고통스러울 때마다 항상 같은 느낌을 받았다. 세 번째 입원을 하면서부터 주치의 선생님과 교수님의 약속으로 줄곧 이 신호를 무시하고 참아 왔다. 하지만 이젠 모르겠다. 견딜 수 없었다. 책상 위 까만 서랍장에서 문구용 커터 칼을 꺼냈다. 그 날카로운 이를 꺼내 왼쪽 손목에 대었다. 그렇게 몽글몽글 피 알갱이들이 손목 위에 빨간 두 줄을 만들었다.

집이 힘들어요.

아침 11시 20분에 정신과 외래가 잡혀 있었다. 나는 평소 교수님과 만나는 외래를 좋아한다. 교수님은 나에게 모든 것을 말할 수 있는 몇 안 되는 사람 중 한 명이었고 나는 그 시간이 유일하게 모든 것을 털어놓을 수 있는 시간이었다. 집 앞에서 201번 버스를 타고 익숙한 길을 지났다. 또 익숙한 대학병원으로 들어가 자연스럽게 접수를 마치고 갈색 의자에 앉아 차례를 기다렸다.

"최효나님, 들어 가실께요"

발을 옮겨 낯익은 방으로 들어갔다. 퇴원하고 첫 외래였다. 일주일 만에 만나는 교수님의 모습에 나도 모르게 울컥 눈물이 나왔다.

"퇴원하고 어떻게 지내셨어요?"

"잘 못 지냈어요. 교수님, 집이 너무 힘들어요."

참았던 눈물이 뺨을 타고 흘렀다. 교수님께선 놀라지 않고 티슈를 건네셨다. 내가 힘들었을 것을 예상하신 건지 아니면 나와 같이 눈물을 흘리는 환자가 많아서인지 그때 교수님의 모습은 침착하셨고 나는 그 모습이 '어떤 얘기든지 들어줄 준비가 되어 있다.'라고 느꼈었던 것 같다.
"부모님께서 자꾸 견딜 수 없는 이야기를 해요. 제가 어떻게 해야 할지 모르겠어요. 옛날에 가난했던 시절로 돌아갈까 봐 너무 무서워요. 아르바이트를 해야 하는 건지 너무 고민이 되고 치료비 때문에 계속 여기에 와야 하는 건지 모르겠어요."
"부모님께서 환자분이 힘들어하는 이야기를 하는군요."
내가 첫째 딸이기 때문인가? 언제부터인지 모르겠지만, 우리 부모님께선 모든 이야기를 나에게 하시곤 했다. 그게 기쁜 이야기든 슬픈 이야기든 항상 그랬다. 그런 부모님을 이해하지 못했던 건 아니었다. 부모님께서 외로우셔서, 어딘가 이야기할 곳이 필요해서, 첫째 딸이니까, 그래서 믿음직스러워서 그러시겠지. 머리로는 이해가 된다. 하지만 그 이야기들을 모두 받아 내기엔 많이 어렸으며 많이 아팠다.
"제가 돈에 관한 이야기를 들으면 옛날 생각이 나서 많이 힘들다고. 그러니까 조심했으면 좋겠다고 말도 했어요. 근데 달라지는 게 없어요. 어제는 도저히 견딜 수 없어서 결국 자해를 하고 말았어요."
쏟아져 나오는 울음을 참으려 주먹을 꽉 쥐었다. 손톱이 손바닥에 박혀 따끔했다. 눈물이 날 때면 항상 하는 버릇이다.

"아무래도 집에 있으면 안 될 것 같아요. 아무리 말해도 부모님께서 바뀌지 않는다면 도망치는 것도 하나의 방법이겠죠."
"하지만 독립할 수가 없어요. 아직 돈을 벌기가 무서워요."
"그럼 다시 입원하는 건 어때요? 환자분이 어떻게 해야 할지 함께 의논해봐요. 집이 너무 힘들다면 입원합시다."
퇴원한 지 일주일도 안 됐는데 다시 입원이라니. 입원비가 너무 걱정됐지만, 지금은 당장 이 상황에서 도망가고 싶었다.
"네. 그럴게요. 저도 입원하고 싶어요"

키라와 나.

하얀색 천장이 눈에 들어왔다. 이 병원에서만 세 번째 입원이다. 2019년이 들어서 집보다 이 병동에 있었던 시간이 더 길었다. 입원한지 며칠이나 됐다고 집에서의 불안함은 어느새 가라앉고 편안함과 안정감까지 느끼기 시작했다. 병동에서의 하루는 거의 비슷하다. 새벽 5시 20분에 일어나 샤워를 하고 병실 침대에 앉아 있으면 혈압과 체온을 재러 간호사 선생님께서 오신다. 혈압과 체온을 재고 아침 식전 약을 먹은 다음 휴게실 티비로 음악 채널을 보고 있으면 7시 20분, 아침 식사 시간이 된다. 아침 식사 후엔 점심시간 전까지 휴식 시간을 보낸다. 평일엔 의대생 분들께서 실습을 나오셔서 같이 보드게임을 하거나 수다를 떨고 주말엔 잠을 자거나 책을 읽거나 혹은 퍼즐을 맞춘다. 또, 오후도 오전과 거의 똑같이 시간을 보내는 편이다.

집에서 읽다 포기했던 <키라의 경계성 인격장애 다이어리>를 집어 들었다. 집에 있을 땐 5페이지 채 읽지 못하더니 이번엔 그런 불안감은 없었다. 오히려 재미있었다. 어떻게 이렇게 숨김없이 자신의 모든 이야기를 담아낼 수 있는지 신기했다. 그리고 엄청나게 많은 부분에서 키라라는 사람과 내가 닮아 있어 또 한 번 놀랐다. 나보다 더 나에 대해서 잘 알고 있는 것만 같았다. 내가 놓치고 있었던 나의 행동 패턴과 그런 패턴을 보이는 이유까지도 그 책엔 너무도 상세하게 적혀 있었다. 읽는 동안 몇 번의 감탄과 몇 번의 소름과 수 십 번의 공감을 했는지 모르겠다. 그 중 가장 크게 놀랐던 부분은 구세주랄까?

키라와 마찬가지로, 나는 매번 주변에 한 사람이 있었다. 아니, 한 남자가 있었다. 그리고 그 사람을 위해 모든 것을 했다. 그래, 그는 나를 구원해줄 '구세주'였다. 그에겐 내 모든 것을 말했다. 그리고 이해받기를 바랐다. 정말로 그가 내 모든 것을 이해하고 공감해 줄 때면 내겐 아픔이었던 이야기들이 정말 아무것도 아닌 것처럼 느꼈다.

지금의 23년을 살기까지 몇 번의 '그'가 있었는지 잘 모르겠다. 다섯 명? 여섯 명? 아니 그 이상인지도. 나는 수많은 나날 동안 혼자 지탱하지 못하고 항상 그에게 기대왔다. 그리고 그와의 관계의 마지막은 일방적인 내 거절로 시작됐다. 그 거절은 그가 내가 듣고 싶어 하는 말을 더 이상 해주지 않을 때, 그에게 실망했을 때 하곤 했다. 나는 키라와 많이 비슷했다. 그리고 수많은 모든 키라들과 비슷하겠지. 이것이 경계성 인격장애 환자들의 가장 큰 특징이었다.

버림받을까 무서워요.

아침에 눈을 뜨자마자 오늘이 월요일이라는 것을 알고 기분이 좋았다. 주말 동안은 실습생 선생님들도, 주치의 선생님도 계시지 않기 때문에 얼마나 심심했는지 책을 두 권이나 읽고 더 이상 글을 보는 것이 지겨워지던 참이었다. 아침을 먹기 전, 주치의 선생님과 면담할 때 꼭 이야기해야 할 것들을 공책에 적었다.

1. 집에서 지내는 게 힘이 든다. 부모님께서 자꾸 나를 힘들게 하는 말들을 하신다.

2. 나는 늘 한 명의 구세주를 만든다. 그의 유무가 생활에 큰 영향을 미친다. 그가 있어야 외롭지도, 공허하지 않다.

공책에 적어 놓고 이것을 계속 바라보았다. 혹시나 면담할 때 잊어버릴까 봐. 주말 동안 생각했던 모든 것을 주치의 선생님과 나누고 싶었다. '효나 씨가 또 많은 생각을 했군요.' 하며 웃는 주치의 선생님의 모습이 머릿속에 그려졌다. 선생님께 잊지 않고 말을 하기 위해 확실하게 두 가지 이야기를 머릿속에 넣은 다음 이틀 만에 만나는 의대생 선생님들과 수다를 떨기 위해 휴게실로 나섰다.

"효나 씨!"

시계가 10시를 넘어서자 복도에서 나를 부르는 주치의 선생님의 목소리가 들렸다.

"선생님 잠시만요!"

나는 체스를 두던 손을 멈추고 헐레벌떡 자리에서 일어나 주치의 선생님께 향했다.

"잘 잤어요?"

주치의 선생님과 평일이면 매일 하는 인사다.

"네."

"다행이에요. 우리 저쪽으로 가서 이야기 좀 할까요? 뭐 하고 있었어요?"

주치의 선생님께서 웃으면서 나에게 묻는다.

"정 선생님이랑 체스 두고 있었어요."

정 선생님은 오전반 의대생 선생님 중 한 분이시다. 체스라는 말에 선생님께서 양쪽 눈썹이 올라가며 감탄하는 표정을 지으셨다.

"오, 체스라. 저는 옛날에 한, 두 번 하고 어려워서 그만뒀는데 효나 씨는 참 머리 쓰는 게임을 좋아하는 것 같아요."
선생님의 칭찬 같은 말씀에 쑥스러워서 나도 모르게 웃음이 나왔다.
"참 보고 싶었어요."
선생님의 말씀에 나도 고개를 끄덕였다. 퇴원하면서 선생님을 못 만났으니 일주일하고도 이틀만이었다.
"그래요. 효나 씨. 나가서 많이 힘들었다는 이야기를 교수님께 들었어요. 효나 씨의 패턴이 다시 반복됐다면서요?"
"네."
"효나 씨가 동일한 패턴의 상황들이 반복되는 것에 대한 이야기는 많이 나눴죠? 듣고 싶지 않은 이야기가 들리면 그걸 거절하지 못하고 전부 들어주다가 효나 씨가 지쳐버리면 '저 사람은 왜 나한테 저런 말을 하지? 나보고 어쩌라는 거야.' 와 같이 그걸 악의적으로 해석하죠. 하지만 거절할 수 없어요. 거절하면 그 사람이 효나 씨를 버릴까 봐. 그게 두려운 거죠."
"……."
"근데 효나 씨. 혼자 생각하고 잘못 판단함으로써 다른 사람들에게 더 피해가 갈 수 있다는 걸 알아야 해요."
맞는 말이다. 나는 항상 혼자 판단하고 혼자 상처를 받았다. 하지만 입 밖으로 이것을 꺼낼 순 없었다. 혼자 상처받는 편이 버림받을 수 있다는 고통보다 낫다고 생각했으니까. 근데 내가 누구에게도 버림받는 대상이 아니라는 것을 주치의 선생님께서 깨닫게 해주셨다. 나는 오직 나만이 버릴 수 있는 존재라는걸. 다른 사람이 나에 대해 어떻게 생각하든 그것에 흔들리지 말아야 한다고 항상 이야기하셨다. 하지만 23년간 굳어진 내 생각과 행동은 한 번에 바뀌긴 힘들었다. 나는 여전히 들었고 옳든 옳지 않든 혼자 판단하고 혼자 상처받고 혼자 아파했다.

"말할 수 있어야 해요. 혹시라도 말을 했음에도 불구하고 상대가 바뀌지 않는다면 그땐 이렇게 생각해 봐요. '저 사람은 저렇구나. 하지만 저 사람 때문에 내 감정이 흔들릴 이유는 없다.'고요. 항상 마음의 추를 중간으로 잘 잡고 있어야 해요."

내가 바뀌어야 한다.

교수님 회진 시간에 '내가 아프지 않기 위해선 내가 바뀌어야 한다.'라는 이야기를 들었다. 억울하다. 왜 내가 바뀌어야 하지? 내가 잘못한 것도 아닌데. 왜 그래야 하는지 이유를 모르겠다. 그저 그런 말을 한 교수님께 화가 났다. 아파서, 너무 힘들어서, 병원에 입원한 환자에게 '네가 바뀌어야 한다.'니. 결국 참다못해 면담 시간에 주치의 선생님께 용기를 내어 말씀을 드렸다.

"오늘은 어땠어요?"

"화가 났어요. 오늘 교수님께서 제가 바뀌어야 한다고 하셨거든요. 왜 제가 바뀌어야 하죠? 제가 잘못한 게 아닌데. 저는 그저 열심히 살아온 죄밖에 없어요. 남들에게 피해 주지 않으려고 노력했다고요."

"교수님께서 하신 말씀은 그런 의미가 아니에요. 세상 사람들은 내가 "바뀌어라!" 하면 바뀌지 않아요. 그랬다면 얼마나 좋겠어요. 상처받는 사람들도 없고. 근데 효나 씨가 바뀌어야 하는 이유는요. 자신의 성격 때문에 자기 자신 혹은 다른 사람들에게 폐를 끼치니까 고쳐야 하는 거예요. 효나 씨의 성격으로 살아가기 힘드니까 이렇게 입원한 거잖아요."

살려면 살아갈 수 있다고 하지만 그러기엔 내가 불편함을 느끼니까 그러기 때문에 바뀌어야 한다고. 또 바뀌기 위해서 치료가 필요한 것이라고 하셨다. '왜 나만 이렇지?'라는 마음은 여기 병동에 입원해 있는 모든 사람이 똑같이 느끼고 있을 거라고도 말씀하셨다. 마지막으로 내가 누구보다 치료에 관심이 많으니 할 수 있다고 다독여 주셨다. 맞다. 다 맞는 말이었다. 나는 주어진 환경에서 누구보다 열심히 살기 위해 많은 노력을 했지만 결과적으로 나에게 해가 되는 성격을 가지게 되었다. 그렇기 때문에 내가 고쳐야 하는 것이었다. 피해가 되니까. 이렇게 살아가기엔 계속 아프기 때문에.

"기뻐요. 효나 씨가 처음으로 화가 난다고 표현해 줘서요. 매번 말하지만, 효나 씨가 가지는 모든 감정은 틀린 게 아니에요. 충분히 화날 수 있는 일이에요. 오늘은 여기까지 할까요?"

5
구세주

구세주.

나에겐 구세주가 있다. 그는 아는 오빠로 병원에서 매일 같이 연락하며 힘든 이야기를 털어놓을 수 있는 사람이었다. 그래서 이 사람과 연락하는 모든 시간이 나에게는 힐링의 시간이었고 하루 중 제일 행복한 시간이었다. 하지만 언제나 그렇듯 오빠의 행동이 조금이라도 나에게 무심하다고 생각이 들면 '나에게 지쳤나?', '내가 너무 힘들게 했나?', '너무 내 이야기만 했나?'라는 걱정이 찾아와 나를 흔들어 놓았다. 이날도 그랬다. 오후 4시쯤, 병동 복도를 지나 간호사실 앞에 놓인 공중전화에 전화카드를 올려놓았다. 그리곤 익숙한 번호를 눌러 오빠에게 전화를 걸었다.

"여보세요."

"안녕."

매일 같은 인사다. 오빠의 목소리만으로도 사람들 사이에서 쌓였던 피로가 해소되는 기분이었다.

"뭐 했어?"

"그냥 있었지."

그렇게 평소랑 똑같이 별 내용이 없는 대화를 이어갔다. 밥은 먹었는지, 언제 일어났는지 이런 사소한 대화였다. 그때, 같은 병실을 쓰는 동생이 나를 불렀다.

"효나 언니!"

"누가 너 부른다. 가봐."

"응? 아니야 안 가도 돼."

"가봐도 돼."

그 말에 기분이 상했다.

"그래도…… 내가 시간 내서 전화한 건데."

"있잖아, 연락에 굳이 집착하지 않아도 돼."

그 말에 내 하늘이 무너졌다. 연락에 집착하지 말라니, 무슨 의미일까. 나는 매일 통화하는 이 시간이 하루 중 제일 행복한데. 그가 내 구세주였기 때문에 목소리만 들어도 공허함이 채워지는 기분이었는데 나만 그렇게 느끼는 건가. 내가 이 사람을 생각하는 것만큼 이 사람이 나를 생각하지 않는 것만 같다고 느꼈다. 많이 서운했다.

"알았어."

"응. 그리고 시간 내서 전화하지 말고."

"끊을게."

그렇게 전화를 끊어버렸다. 너무 화가 났다. 그가 나를 밀어내는 것만 같아 불안했다. 나는 그가 있어야 안정되는데. 그가 없으면 늘 불안하고 외롭고 힘든데 그 느낌을 다시 받게 될까 봐 너무 무서웠다.

다음 날, 주치의 선생님과의 면담 시간에 어제 있었던 일을 말했다.
"선생님, 사실 지금 제 구세주가 있어요."
"누구예요?"
"아는 오빠요. 근데 어제 그 오빠가 저에게 '연락에 집착하지 마.'라고 했어요."
"그 말을 들었을 때 어떤 느낌을 받았어요?"
"제 존재를 거절당하는 느낌이었어요. 마치 더 이상 연락하지 말라는 말 같았어요"
"또 지레짐작하고 혼자 상처받았군요."
그랬다. 나는 또 같은 패턴의 굴레 속에 빠졌다.
"효나 씨, 우리 그 말을 악의적으로 해석하지 말아봐요. 그 안에 숨겨진 의미가 꼭 '더 이상 연락하지 마.'일까요?"
"음……. 모르겠어요"
"다시 한번 생각해 봐요. 저는 알 것 같은걸요."
"'연락의 횟수에 상관없이 우리 관계는 변하지 않을 거야.'라는 의미가 될 수도 있을 것 같아요."
"맞아요! 잘했어요. 진짜 의미가 무엇인지는 저도 모르고요,

효나 씨도 몰라요. 하지만 그것을 굳이 악의적으로 해석해서 상처받을 필요가 없어요."

그랬다. 한 가지 말은 여러 의미로 해석을 할 수 있었다. 그리고 굳이 상처가 될 만한 의미로 해석하지 않을 수 있다는 것은 나에게 놀라운 말이었다. 그런 생각으로 이끌어낸 내가 너무 놀라웠다. 항상 모든 것을 나쁘게만 받아드렸었다. 최악을 생각해야 상처받지 않을 대비를 할 수 있으니까. 하지만 대비하지 않아도 상처받지 않을 수 있다는 것을 처음으로 깨달았다.

"근데요. 효나 씨, 왜 그 분이 였을까요? 구세주를 고르는 방법이 있나요? 왜 꼭 그가 있어야 하나요?"

"구세주가 있어야 외롭지 않았어요. 자세한 건 모르겠어요. 아직 생각해본 적이 없어요."

왜 그였을까? 내가 그 동안 수많은 구세주를 만들었을 땐 어떤 이유가 있었을까?

"그럼 내일 면담 시간에 그것에 대해 이야기를 나눠보도록 해요."

구세주의 답.

모든 것엔 이유가 있듯이 나만의 구세주들에도 공통된 이유가 존재했다. 구세주를 만드는 방법은 간단했다. 내 치부와 같은 과거를 살짝 흘린 뒤 반응을 본다. 그 대상이 내 과거를 대수롭지 않게 여기며 위로해 준다면 바로 구세주 자리에 앉힌다. 그 자리에 앉아 있는 그는 나의 모든 것들을 열람할 수 있다.

그렇다면 이런 관계를 나는 왜 만들어 나갔을까? 그때, <키라의 경계성 인격장애 다이어리>에서 나왔던 정당성에 대한 글이 떠올랐다.

그동안 나의 존재를 인정받지 못했기 때문일까? 그래서 나를 인정해 줄 사람이 필요했던 걸까? 그렇다면 나의 치부를 담담하게 받아들이는 것이 중요했던 이유는 마치 내 단점들이 아무것도 아니라는 느낌을 주기 때문이구나. 내가 나를 모르니까, 한 번도 인정받지 못했으니까 눈에 보이는 나에 집중을 할 수밖에 없었구나. 그래서 외적인 단점들을 치부라고 여기며 숨겨오고 고통받아 왔는데 그런 나를 감싸주는 사람이 나타났으니 그에게 매달릴 수밖에 없었겠구나. 머릿속 질문들에 점점 답이 생겼다.

"어제 질문한 것에 대해 생각해 봤나요?"
"네, 선생님. 그를 만드는 방법은 간단해요."
줄줄이 어제 떠올렸던 것들을 말씀드렸다. 그리고 그의 사소한 말 한마디에 내가 흔들렸던 이유가 내가 나를 모르니까, 나를 인정했던 적이 없기 때문이었다는 것도 다 털어놓았다.
"그래서 저의 외적인 모습에 집착할 수밖에 없었던 것 같아요. 내가 누군지 모르니까 겉으로 드러나는 게 나라고 믿을 수밖에 없었어요. 그래서 항상 지기 싫어했어요. 하나라도 눈에 드러나는 단점이 생기는 게 싫었어요."
주치의 선생님께서 책상을 바라보며 깊이 고민을 하셨다.
"자살 시도를 했을 때도 마찬가지였어요. 성적은 한 학기에 한 번만 결과가 나오잖아요? 근데 저는 그 사이 동안의 결과 없는 기다림을 견딜 수가 없어요. 그래서 이것저것 하기 시작했어요. 학생회나 동아리 같은 거요. 그러다 보니 몸이 지쳐갔고 이것들이 우울증을 깊어지게 하는 데 도움을 줬던 것 같아요. 한 가지에만 집중을 할 수 없었으니 좋은 결과로 끝났던 게 별로 없었거든요."
"여기서도 경계성 인격장애의 특징이 드러나네요. 겉으로 드러나는 효나 씨와 내면의 효나 씨는 양극단으로 갈리잖아요. 남들이 하는 걸 똑같이 했는데 결과는 공허함뿐이죠. 그러니 나를 위로해 줄 구세주를 찾아서 안정이 되지만 그건 잠깐뿐이에요. 결국 다시 공허해지죠. 효나 씨는 지금 주체를 밖에서 찾고 있어요. 효나 씨의 주체는 효나 씨에요. 이렇게 병을 치료하기 위해서 입원한 것도 효나 씨고 저와 상담을 하는 것도 효나 씨의 선택이에요."

"근데 저는 내면의 저를 생각하면 투명해요. 아무것도 없는걸요."

"아니요. 효나 씨는 분명 있어요."

진짜 내가 있을까? 내가 생각하는 나는 어떤 모습일까? 내가 다른 사람의 시선이 아니라 내 입장에서 살아갈 수 있을까?

"그래서 제가 첫 번째 입원을 했을 때 그런 말을 했었나 봐요. "제가 왜 살아야 하는지 모르겠어요." 라고요."

"효나 씨가 매일 했던 질문이죠."

선생님이 씽긋 웃으며 눈을 맞췄다. 그렇게 또 하루의 상담이 끝이 났다.

그만 두기로 했다.

구세주를 만드는 일을 그만두기로 했다. 그 과정이 외롭고 공허하겠지만 언제까지 새로운 구세주를 찾는 일을 계속할 순 없으니 말이다.
"이런 관계 그만하려고요."
"왜요?"
주치의 선생님께서 되물으셨다.
"교수님께 구세주에 대해서 말씀드렸거든요. 그랬더니 제가 자아의 발달이 과거의 환경 때문인지 덜 발달된 것 같다고 하셨어요. 그 말을 들으니 제 단점이 또 하나 생긴 것 같은 느낌을 받았어요. 그래서 용기를 내보려고요. 언제까지 그런 사람을 계속 찾을 수도 없고요."
"근데 왜 효나 씨 표정이 슬퍼 보이죠?"
"해보기는 하겠는데 자립했을 때 저를 옥죄어 오는 그 공허함과 외로움 때문에 걱정이 많아요."

"머릿속에선 이미 실패했네요. 그러니까 걱정하고 있는 거잖아요."

할 말이 없었다. 맞다. 나는 또 최악을 상상하고 그 고통을 미리 느끼고 있었다. 나는 시작하기도 전에 포기할 생각밖에 하지 않았다.

"그게……. 옛날에는 이러지 않았어요. 근데 점점 실패하는 일들이 많아지니까 저도 모르게 이렇게 된 것 같아요."

"효나 씨 말을 들으니 공감도 가고 이해도 가네요. 하지만 과거에 실패했다고 해서 현재가 실패한다는 보장은 없어요. 과거의 효나 씨는 현재의 효나 씨와 많이 다른걸요."

"제가 많이 발전했다고 선생님께서 말씀해 주시지만 저는 잘 모르겠어요. 그대로인 것 같아요."

"다른 사람들에게 효나 씨의 변화를 질문하고 답을 얻지 마세요. 스스로 얼마나 발전했는지는 알잖아요. 저는 아직도 기억나요, 24일로 넘어가는 그날 밤, 응급실로 왔었잖아요. 그땐 계속 울고 있어서 말도 제대로 못했었는데 지금은 스스로 기분이 어떤지, 왜 그런 기분이 드는지 얘기하고 있잖아요. 효나 씨는 많이 발전했어요."

맞다. 맨 처음 이 병원에 입원했던 때를 떠올리면 참담했다. 매일을 울고 매일을 죽고 싶다고 이야기했었다.

"맞아요. 발전했네요."

웃음이 나왔다. 나는 변했다. 그럴 리가 없다는 걸 알지만 마치 치료의 끝이 보이는 듯했다.

"아무튼 효나 씨가 그런 결심을 한 것에 대해선 응원할게요. 효나 씨 말처럼 세상 누구도 그런 관계를 지속할 수 있는 사람은 없으니까요."

급한 퇴원.

어제 병동에 새로 들어온 아주머니 때문에 한바탕 난리가 났었다. 병동 복도에서 다른 사람들에게 욕을 하고 큰 소리를 내는 바람에 같은 병실의 동생은 기절하고 또 다른 언니는 바닥에 주저앉아 울었다. 그 상황을 차마 두고 볼 수는 없어서 기절한 동생을 안아 간호사 선생님께 맡기고 울고 있는 언니를 병실로 들여보냈는데 그 이후로 나를 안 좋게 생각하는 건지 자꾸 욕을 하고 몸조심하라고 협박을 하는 등 불편하게 했다. 저 분도 마음이 아파서 이곳에 온 것이라고 이해는 하지만 날이 갈수록 정도가 심해졌다. 싸움이 벌어지면 간호사 선생님과 보호사 선생님께서 힘드시니까 그저 참았는데 결국은 극단적인 생각을 할 정도로 한계에 도달했다. 결국 아주머니에게 멀어지기 위해 아니, 내 머릿속의 나쁜 생각을 물리치기 위해 퇴원을 하기로 했다. 나는 다시 도망쳤다.

6
익숙해지기

몰려오는 외로움.

퇴원한 지 2주가 다 되어간다. 구세주를 만들지 않기로 한 지는 3주쯤 지났을까? 슬슬 외로움이 몰려온다. 어딜 가든 나 혼자 다른 세상에 있는 것 같은 기분이 든다. 누굴 만나든 그 무리 속의 이방인이 된 것 같다. 억지로 웃는 횟수가 늘어나고 대화를 하면서 멍을 때리는 순간도 늘어났다. 혼자만의 독방에 갇힌 것 같다. 이 괴로움을 느낄 바엔 그냥 죽고 싶은 마음이다. 다행히 내일은 교수님과의 외래가 예약되어 있다. 교수님께선 분명히 나를 이 거지 같은 기분 속에서 꺼내 주실 것이라고 굳게 믿고 있다.

아침 10시 10분, 외래를 다녀왔다. 항상 같은 곳에 교수님은 앉아 계셨다.
"오랜만이네요. 어떻게 지냈나요?"
"점점 힘들어지고 있어요. 너무 외로워요. 누굴 만나도 혼자 있는 것 같아요. 차라리 이렇게 외로울 바엔 죽는 게 낫겠다는 생각도 가끔 들어요. 이런 감정이 느껴질 때면 아무도 없이 나 혼자 괴로웠었던 그때가 생각이 나요. 그래서 더 힘들어요."

"외로움은 사람을 굉장히 힘들게 하는 것 중 하나죠. 그렇다고 해서 아무나 만나면 더욱 상처받을 수도 있어요."

아무나 만날 생각 같은 거 없다. 아니 못하는 것이 맞는 표현이다. 나 같은 애 아무도 사랑해 주지 않을 테니까. 누구도 신경 쓰지 않을 테니까.

"오히려 긍정적으로 생각해서 혼자 자립해볼 기회라고 생각해봅시다. 외로움이란 누군가 필요하다는 거니까. 이 외로움의 끝이 어디인지 한번 도전해보는 것도 나쁘지 않죠. 그렇게 해서 혼자서도 괜찮다는 걸 느끼면 그땐 외로워서 힘들어지는 꼬리표를 긍정적으로 바꿀 수 있을 거예요."

사촌 언니.

대전 은행동 유명한 일식집에서 사촌 언니를 만났다. 작년 6월, 함께 삿포로 여행을 간 뒤 처음 보는 거니까 9개월 만이었다.
"진짜 오랜만이다."
"그러게, 이제 몸은 괜찮아?"
언니와 작년 병원에서 연락했었는지, 그래서 어디까지 알고 있는지, 기억이 나지 않아서 선뜻 대답이 나오지 않았다.
"내가 다 이야기했었나?"
"아니, 그냥 네가 병원에 입원했다는 것만 알고 있어."
"아, 그게 말이야……."
매번 사람을 만날 때마다 했던 말을 도돌이표처럼 반복했다. 자살 시도와 기억상실, 그리고 대전에서의 세 번의 입원과 내 병까지.
"아, 어쩐지. 사실 너 퇴원했을 때, 너무 걱정돼서 전화를 걸었는데 말이 너무 느린 거야. 원래 말 잘하던 아인데, 그래서 네가

'약에 취했나?' 하는 생각이 들더라고."
"엄마 말로는 그랬대. 제정신이 아니었나 봐."
웃으며 말했다. 즐거운 말은 아니었지만 그래야 할 것 같았다.
"그래서 언제쯤 나을 수 있는 거야?"
"몰라. 일 년이 걸릴지, 삼 년이 걸릴지, 알 수 없대. 그냥 포기하고 있어. 할 수 있는 게 없어."
갑자기 슬퍼졌다. 아르바이트도, 공부도, 학교도, 사람 많은 곳에 가는 것도, 마음대로 할 수 있는 게 없었다.
"어떤 느낌이야? 그 병은?"
언니가 들고 있던 젓가락을 내리고 나를 바라보았다. 누가 봐도 나를 너무도 걱정하는 얼굴이었다.
"누굴 만나도, 어딜 가도 혼자 있는 것 같아. 나만 사방이 막힌 유리방 안에 갇혀있어. 항상 외롭고 공허해. 어떤 것을 해도 즐겁지가 않아. 웃고 있어도 뒤늦게 생각을 하면 내가 왜 웃고 있었는지 모르겠어. 아무런 느낌이 없어."
처음이었다. 어떤 느낌인지 묻는 사람은. 항상 내가 먼저 말을 했다. 상대가 내 힘듦을 알아주길 바라면서 '나는 이래요.' 하고 운을 먼저 띄웠다.
"나는 네가 항상 웃고 있어서 그렇게 힘든지 몰랐어. 네가 입원했다는 소식을 들었을 때, 얼마나 놀랐는지 몰라."
"습관이 들었나 봐. 별로 안 힘들어. 나도 모르게 웃는 거라서 아무 느낌 없어."

그리곤 웃었다. 그냥 웃어야 할 것 같았다. 진짜 나는 안 힘들었을까? 잘 모르겠다. 그냥 그렇게 말했다. 그래야 너무 무겁지 않을 테니까. 들어주는 것만으로도 감사한 내 이야기가 너무 무거우면 안 되니까. 그럼 다음은 없을 거니까.

"언니, 기억나? 언니랑 삿포로 여행 갔을 때, 내가 "아무것도 살아갈 의미가 되지 않아."라고 했잖아. 그게 내 병이었나 봐. 그래서 매일매일이 아슬아슬해. 하나라도 힘든 일이 생기면 나에겐 죽을 이유가 되거든. 마치 0에서 마이너스가 되는 것처럼."

"작은 거라도 살아갈 이유가 될 순 없을까?"

"죽어야 하는 이유가 이미 너무 많아서 잘 모르겠다."

또 웃었다. 너무 무거웠다. 이러면 안 됐다. 나의 짐을 다른 사람에게 넘겨줄 순 없다.

"그냥 그렇다고. 얼른 먹어."

기분이 바닥을 쳤지만 나는 들키지 않게 더 환하게 웃어야 했다.

빈 공간과 삶.

음악을 아무리 크게 틀어도 소리가 비어 있다. 많은 것들을 보려 해도 시야엔 아무것도 잡히지 않는다. 혼자 있을 땐 항상 그랬다. 이날도 마찬가지였다.

아무도 없는 집에서 홀로 일어나 멍하니 있었다. 그리곤 고민했다. 밥을 먹어야 하는지, 오늘도 밖을 나가야 하는지, 그저 사람이 있는 곳에 있고 싶었다. 하지만 알고 있다. 밖을 나가도, 사람을 만나도 나는 항상 같을 거라는걸. 끔찍한 외로움이다. 남녀 사이의 외로움이 아니다. 사람과 사람 사이의 외로움이다. 내 경계선 안엔 아무도 들어오지 않았고 아무도 들어올 수가 없었다. 어떻게 하면 이 상황에서 벗어날 수 있는지 알고 싶다. 당장 응급실에 달려가 주치의 선생님을 붙잡고 여쭤보면 그 답을 알 수 있을까? 자해라도 하면 이 공간이 채워질까?

항상 제자리걸음 같다. 나는 앞으로 나아가지 못하고 계속 그

자리에 머물러 있다. 생각도 똑같다. 매일 같은 생각을 한다. 내 미래, 과거, 그리고 현재까지. 나에게 까맣지 않은 것은 없다. 퇴원하고 매일같이 밖을 나섰다. 그러나 요 며칠 그러지 못했다. 밖을 나가도 나는 항상 똑같았기에. 항상 같은 생각을 했기에. 무기력함에 빠져 있다.

이인증.

"어떻게 지냈어요?"

교수님께서 물으셨다. 언제나 나는 일주일에 한 번 교수님을 만났다. 그리고 이날도 마찬가지였다.

"월요일은 너무 힘들었어요. 사방이 막혀 있고 음악을 들어도 귀에 들어오지 않고 책을 읽어도 눈에 들어오지 않았어요. 그래서 너무 답답하고 외로웠어요. 응급실에 갈까 생각해 봤는데 그냥 참았어요. 그리고 나머지 날들은 괜찮았어요."

"집에 주로 혼자 있나요?"

"네. 부모님께서 맞벌이하시고 동생들은 학교에 가니까요. 그래도 지난주까진 밖을 나갔는데 이번 주는 그러지 않았어요."

"이인증이네요. 내가 다른 사람이 된 것 같이 느끼는 거예요. 일단 그럴 때 먹을 수 있게 비상약을 챙겨 드릴게요."

그렇게 알약이 하나 더 늘었다.

여섯 번째 입원.

눈을 뜨자마자 숨이 막혔다. 침대 밖은 온통 낭떠러지고 움직일 수도 숨 하나 쉬기 힘들었다. 가까스로 방에서 걸어 나와 거실에 있는 약봉지를 집어 들었다. 하지만 한 시간이 지나고 두 시간이 지나도 그 느낌은 사라지지 않았다. 결국, 응급실로 가기로 마음을 먹었다. 야간 근무를 하고 돌아와 주무시는 어머니가 깨지 않도록 조용히 집 밖을 나왔다.

"어떻게 오셨어요?"

"저 여기 정신건강의학과 다니는데요. 주치의 선생님께서 위급할 때 바로 응급실로 오라고 하셔서요."

"위급한 상황이면?"

"자해요. 지금 너무 불안해요."

"상처는 없으시죠?"

"네."

"안으로 들어 가실게요."

침대를 배정받고 앉아 있기를 한 시간쯤 지났을까, 주치의 선생님이 아닌 다른 여자 선생님께서 내려오셨다.

"제가 오늘 당직 선생님이에요. 오랜만이네요. 효나 씨. 어떻게 오셨어요?"

"숨이 막혀요. 공간이 작아지고 아무것도 할 수 없어요, 선생님. 할 수 있는 게 없어요."

눈물이 났다. 이런 느낌을 받은 후부터 계속 들었던 생각이었다. 나는 할 수 있는 것이 없었다. 그저 공간이 요동치는 게 끝나기만을 기다리는 수밖에 없었다. 물론, 선생님께서 알려주신 발로 땅을 구르거나 심호흡을 쉬거나 몸의 힘을 줬다 빼는 등의 노력은 해보았다. 하지만 소용없었다.

"지금 굉장히 예민해진 상태인 것 같아요. 아무래도 진정될 때까지 입원하는 게 좋겠어요."

"하지만 매번 병원에 의존해도 될까요?"

"입원하고 싶지 않으세요?"

"모르겠어요."

"울지 마세요. 괜찮아요."

집에선 나지도 않던 눈물이 선생님 앞에선 왜 이렇게 폭포수처럼 흐르는지 알 수 없었다. 고민이 됐다. 이대로 다시 입원해야 하는지. 이렇게 도망치는 듯 사는 것이 맞는 것인지. 하지만 매번 결과는 같았다. 나는 선택권이 없었다. 그저 당장 내 힘듦을 위로할 수 있도록 최선의 선택을 할 뿐이었다.

"할게요. 그냥."

"그럼 그렇게 진행할게요. 보호자분 연락해서 와 달라고 말씀해 주세요."

선생님께서 입원 준비를 위해 떠나시고 나는 어머니께 전화를 걸었다. 이제는 익숙한 사정을 말씀드리고 그렇게 입원이 진행되었다.

다시 시작된 병동 생활.

"효나 씨, 어떻게 또 왔어요? 퇴원하고 어떻게 지냈어요?"
아침 8시쯤, 아침 약을 먹고 TV를 보고 있는데 익숙한 목소리가 나를 불렀다. 3주 만에 뵙는 주치의 선생님이셨다.
"상담실로 갈까요?"
"네."
졸졸 쫓아간 그곳엔 매일같이 선생님과 이야기를 나눴던 상담실이었다.
"2주는 매일 밖을 나갔어요. 그리고 그 뒤부턴 계속 집에 혼자 있었어요. 그런데 지난주 월요일부터 자꾸만 어딘가 갇혀 있는 듯한 느낌을 받았어요."
지난주와 어제 느꼈던 이인증과 혼자 있으면서 외로움에 괴로웠다는 것까지 모두 말씀드렸다.
"선생님, 제가 할 수 있는 게 없어요."
"할 수 있는 게 없다라. 그럼 효나 씨는 도움을 받고 싶어서 입원한 거예요? 그 도움은 앞으로 어떻게 하면 좋을지에 대한 건가요? 아니면 증상적인 부분인 건가요?"

"증상적인 부분이요. 이인증도 그렇지만 제가 사소한 것에 너무 화가 나요. 사실 지난주 화요일에 외래를 왔다가 어딘가로 전화하면서 신경질 내고 계시는 아주머니를 봤어요. 근데 그 아주머니의 말에 제가 너무 화가 나더라고요. 저한테 하는 말이 아닌 걸 알면서도요. 정말 극단적인 생각까지 하고 말았어요."

"병원 안에서나 밖에서나 효나 씨의 성격과 맞지 않는 분들은 항상 존재해요. 하지만 그럴 때마다 도망 다닐 순 없겠죠?"

"그것에 대해선 너무 창피해요. 매번 병원과 집을 오가며 도망가니까요."

"그래도 자해나 자살 행동을 하기 전에 병원에 온 건 잘한 거예요. 그 아주머니 말인데요, 그때 어떤 생각이 들었어요?"

"잘 모르겠어요."

"그걸 알아야 해요. 그걸 알고 생각이 치우치지 않게 마음의 중심만 잡을 수 있다면 그런 이야기를 들어도 괜찮아질 거예요."
진짜 그럴까? 내가 생각의 중심을 잡을 수만 있게 되면 이런 감정이 들지 않을까?

"앞으론 시간을 정해서 상담을 할 거예요. 아침 8시 30분에 40분씩, 이렇게 이야기해봐요."

첫 상담.

"어젠 어떻게 지냈어요?"

"눈을 감는 행동이 왜 해리를 불러오는지 생각했어요. 그때의 느낌이 마치 가위눌렸을 때와 같아요. 그리고 아무것도 보이지 않는다는 게 무서워요."

"여러 이유가 있을 수 있겠죠. 근데 왜 보이지 않는 게 무서울까요?"

"모르겠어요. 입욕제 있잖아요? 저는 색이 있는 입욕제를 못 써요. 바닥이 안 보이면 무서워요."

"눈에 보이지 않는 것을 무서워하는 건 당연해요. 하지만 무서워하지 않을 상황까지 그런 감정을 느끼는 건 문제가 될 수 있겠네요. 혹시 생각나는 기억이 있어요?"

"그냥 마지막 성추행 날이 떠올라요. 그때 자고 있던 저를 안아서 데려갔어요. 그냥 그게 생각이 나요."

"그때, 어떤 기분이었어요?"

"무력해요. 아무것도 할 수가 없는. 그래서 저에게 화가 나요."

이제 알았다. 내가 왜 아무것도 할 수 없는 것에 두려움을 느끼고 나에게 화가 나는지. 무력함은 내가 제일 싫어하는 기분이다. 그 시절 나는 무력했다. 스스로의 잘못이 아님을 알지만 나를 탓했다. 왜인지는 모른다. 그냥 내가 좀 더 다르게 행동했다면 일어나지 않았을 일이었을 텐데 그런 생각만 자꾸 들었다.

날 미워하면 어떡하죠?

"어제 앞 침대에 계신 아주머니께서 자식들이 혹시나 자신을 미워할까 봐 걱정된다고 하셨어요. 그래서 제가 "아드님, 따님분도 아주머니를 이해할 거예요. 걱정 마세요."라고 말씀드렸어요. 근데 문득 '나도 가끔 부모님을 완벽하게 이해하지 못하고 미워지는 순간이 있는데 이런 말을 할 자격이 되는 걸까?'라는 생각이 들면서 제가 너무 가식적으로 느껴졌어요."
"완벽하게 이해한다는 건 무슨 의미일까요?"
"음······. 그 사람의 모든 행동을 보고 '그럴 수 있지.'라고 넘길 수 있는 거요."
"그럼 부모님을 완벽하게 이해하는 사람이 과연 있을까요?"
"······. 아니요."
"어떤 사람도 부모님의 모든 것을 포용해 주는 사람은 없어요. 또 효나 씨의 특징이 나왔네요. 완벽하게 이해한 것과 그렇지 못한 것. 양극단으로 갈리잖아요."

또 나는 중간의 생각을 하지 못했다.

"예전에는 이런 이야기를 들어주는 걸 힘들어했는데 이번엔 어땠어요?"

"아직까진 괜찮아요."

몇 번, 주변 환자분들께서 나에게 자신의 고민을 털어놓은 적이 있었다. 그때마다 그들의 감정을 짊어진 것 같아 무척이나 힘들어하곤 했다.

"하지만 곧 괜찮지 않아지겠죠? 그땐 어떻게 할 거예요?"

"말은 할 수 없을 것 같아요. 하지만 자리를 옮겨서 거절의 표현을 할 수는 있을 것 같아요."

"좋아요. 왜 사람들이 효나 씨에게 그런 말을 한다고 생각해요?"

"매일 웃으니까요. 울지도 않고. 자신보다 건강한 것 같아서? 제가 구세주를 필요로 했던 것처럼 그들도 저를 그렇게 필요로 하는 것이 아닐까요?"

"의지할 사람이 필요한 거네요? 그럼 왜 효나 씨는 그런 자리를 부담스러워하죠?"

"책임을 져야 하니까요."

"왜 책임을 져야 하나요?"

"모르겠어요."

"그럼 구세주에게 효나 씨는 모든 책임을 떠넘기는 건가요?"

"그런 것도 없지 않아 있는 것 같아요."

"하지만 효나 씨. 모든 사람이 같은 시각으로 세상을 살아가지 않아요. 그저 말을 하고 싶어서 꺼내는 사람도 있을 거예요. 오히려 책임감을 가지고 애써 도와주는 효나 씨를 참견이라고 받아들일 수 있지 않을까요?"

맞다. 나는 너무 내 시각으로 세상을 바라봤고 모든 사람이 그럴 것이라고 생각했다. 내 시야가 너무 좁았다. 그러지 않은 답이 있을 거라고 생각해 보지 못했다.

"맞아요. 제가 그렇게 생각해 본 적이 없네요."

주치의 선생님께서 웃으셨다.

"이번엔 병원에 오래 있을 거죠?"

"네."

힘듦의 경중.

"지금은 죽고 싶어요."
"왜요?"
"주변에서 자기 얘기를 많이 해요. 그런데 저는 안 하거든요. 그래서 제가 별로 자신들보다 힘들지 않다고 생각하는 것 같아요."
"힘듦의 경중을 따질 수 있다고 생각해요?"
"아니요. 하지만 그들은 그렇게 말해요."
"효나 씨는 말하지 않아도 마음 한구석에는 자신의 일들을 이해받고 싶었나 봐요. 맞나요?"
"잘 모르겠어요."
울컥했다. 말해도 아무도 들어주지 않았던 때가 생각이 났다. 그때의 서러움이 목까지 차올랐다. 내가 눈물을 흘리자 선생님이 당황하시며 상담실 밖으로 나가 휴지를 들고 오셨다.
"어떤 기분이 들어서 우는 거예요?"

"좀 억울해요. 나도 힘든데 그냥 티 내지 않는 건데, 마치 내 일이 아무렇지 않은 것처럼 취급되는 것 같아요."

"다른 사람이 내 일들을 아무렇지 않다고 느끼는 걸 두려워하는군요."

"네. 제가 꾀병일까 봐 두려워요. 어렸을 때부터 모두 제가 아프다고 말하는 것에 관심이 없었어요. 마치 제가 꾀병을 부리는 것처럼 대했어요."

"효나 씨가 꾀병이었다면 제가 벌써 쫓아냈을 거예요. 저 그런 거 잘하거든요."

선생님의 말씀이 '네가 아파하는 건 당연해. 괜찮아.'라고 말하는 것 같았다. 위로가 됐다. 저 말이 필요했다. 이렇게 병원에 들어앉아 치료받을 만큼 아프다는 확신이 필요했다. 혹시나 내가 엄살을 부리는 건 아닐까 나는 가끔 두려웠다.

하고 싶은 일.

세 번째 입원이었을까, 주치의 선생님이 아닌 다른 선생님께서 나에게 하고 싶은 일을 공책에 적어보라고 하셨다. 그리고 그때의 나는 단 한 개도 적지 못했다. 그만큼 많이 힘들었다는 소리겠지.
그리고 어제 교수님께서 이번 입원 동안 좋아하는 것과 하고 싶은 것을 생각해 보라고 하셨다. 또, 그것들을 하면서 벌어질 걱정들에 관해 이야기해보자고 하셨다. 놀랍게도 나는 꽤 많은 것을 적었다. 학교에도 돌아가고 싶었고, 내 이야기가 담긴 책을 내고도 싶었고, 노래를 배우고 싶었고, 대전에서 제일 큰 서점에도 가고 싶었다. 예전보다 나는 바라는 것이 많아졌다. '하나가 어떤 이유가 되진 못했지만 한 개씩 하다 보면 하루하루 살아갈 수 있지 않을까?' 그런 생각이 들었다. 아직 살고 싶진 않았지만 조금 더 버텨볼 수 있지 않을까.

학교에 갈 수 있을까요?

"주말 동안 어떻게 지냈어요?"

"걱정을 했어요. 다음 달 세 번째 주 주말에 학교 축제가 있어요. 그래서 입원하기 전에 친구랑 만나기로 했거든요. 근데 제가 갈 수 있을지 모르겠어요."

"왜요?"

"제가 여기 처음 왔을 때도 울산에 갔다 온 다음이었잖아요."

"맞아요. 기억나요. 크리스마스쯤이었죠."

"그래서 이번에 갔을 땐 괜찮을지 모르겠어요."

"그땐 어떤 점 때문에 그랬을까요?"

"많은 사람이 제가 우울증 때문에 병원에 입원한 걸 알아요. 정신병원에 대한 인식이 좋진 않잖아요. 그리고 기억이 없는 그때의 저를 물어볼까 봐 걱정돼요."

"그때의 효나 씨는 지금의 효나 씨에게 어떤 느낌이죠? 굉장히 부정적인 이미지인 것 같은걸요?"

"여기 있다 보면 안정실의 많이 힘들어하고 계시는 분들이 있잖아요. 제가 그랬을까 봐요."

"그분들이 나쁜가요?"

"아니요. 나쁜 게 아니라 슬픈 거죠. 안타까운 거고요."

나는 내가 안타까웠다. 아니 정확히 말하면 그때의 내가 너무도 안타깝다. 얼마나 괴로웠으면 모든 기억을 잊었을까.

진짜일까?

점심을 먹고 시계가 오후 2시를 향하고 있을 때, 몇 명의 사람들이 휴게실 뒤편에 모여 이야기를 나누고 있었다. 하지만 나는 그 속에 속하지 못했다. 그들은 나를 버린 것이 아니다. 그저 자기들끼리 이야기를 나누고 있을 뿐이다. 하지만 나는 혼자 방에 갇혀 있는 것만 같았다. 예전에도 간간히 이런 상황들이 있었다. 그땐, 스스로를 다독이며 견딜 수 있었지만 지금은 그럴 수 없었다. 그저 죽고 싶다.

"오늘 기분은 어때요?"
"안 좋아요, 선생님. 제가 휴게실에 앉아 있었고 그 뒤로 네 명이 와자지껄 떠들고 있었는데요. 또 혼자가 되는 느낌이었어요. 지금 자해 생각도 나고 그냥 죽고 싶어요."
"그때 어떤 감정이 들었나요?"
"버려지는 거요."

"본인이 제일 싫어하는 감정이 들었군요. 감정의 꼬리표를 바꿔 달아야 해요. 그 상황이 꼭 본인을 버리는 상황이 아니잖아요. 다르게 받아들일 수 있어야 해요."

"아는데 잘 안돼요."

" '진짜 그럴까?' 항상 생각해야 해요. 진짜 효나 씨를 소외시키기 위해 만들어진 상황일까요?"

"아니요. 그저 제가 체스를 두고 있었으니까 그분들과 대화를 못 나눴던 건 당연해요. 전혀 그런 상황이 아니었어요."

그랬다. 그때 당시 나는 휴게실 앞쪽에 앉아 의대생 선생님과 체스를 두고 있었다.

"좋아요. 비슷한 경험이 있나요? 그 구세주 오빠와는 어떻게 됐어요?"

"사실대로 털어놓았어요. 나는 오빠를 그렇게 생각했다고요. 그랬더니 오빠가 안 그래도 조금 부담스러웠다고 했어요."

"그 말이 기분이 나쁘진 않았어요?"

"전혀요. 그냥 선생님 말씀이 맞구나. 이런 관계는 전혀 좋은 관계가 아니라는 걸 알게 됐어요."

"맞아요. 사람과 사람 사이에는 적당한 거리가 필요해요. 만약 그 거리를 무시하고 너무 가까워지다 보면 서로 멀어질지도 몰라요. 또 다른 경험이 있나요?"

"음······. 남녀 관계에서 주로 그랬어요. 저는 서로를 알아가는 시간을 오래가져요. 그 과정에서 상대가 조금이라도 다른 태도를 보이면 바로 그 사람에게 실망하고 관계를 끊어 버려요."

"상대방 입장에서는 당황스러웠을 수도 있겠네요."

"그렇겠죠?"

"성격장애 환자분들의 특징이 그거예요. 대인 관계를 오래 유지하지 못해요. 조금의 변화가 생기면 그 관계를 정리해버리죠. 하지만 우리 어제 했던 말 기억해요? 내 태도로 인해 상대방의 행동을 유도할 수 있다고요. 내가 잘못된 판단으로 먼저 그 사람과 멀어져 버리면 상대방 입장에서는 '쟤 왜 저래?'라고 생각하고 효나 씨와 거리를 두겠죠. 결과적으로 효나 씨가 예측했던 행동이 나오는 거예요."

얼마나 많은 관계를 그렇게 정리했을까? 얼마나 많은 사람이 당황스러웠을까? 그동안 그렇게 정리된 사람들에게 미안한 마음이었다.

"너무 어려워요. 매 순간 멈추고 생각한다는 게."

"효나 씨만 그런 게 아니에요. 모든 사람이 다 그래요. 저도, 교수님도요."

나아지고 있음을 느꼈다.

어젠 세 명이 퇴원하더니 오늘은 한 명이 퇴원했다. 이틀 새 채워져 있던 여섯 자리 중 두 자리만이 온기를 가지고 있다. 나도 집에 가고 싶다. 하고 싶은 일들이 너무 많다.

오랜만에 창가 옆 내 자리에 햇살이 비친다. 창가를 바라보며 병원 건너편 건물과 그 건물 앞, 사람들이 지나다니는 것을 쳐다보았다.

"부럽다."

저기 저 사람이, 그 옆 사람이, 그 건너편 사람이 부러웠다. 얼른 나가서 머리 염색도 하고 영어 공부도 하고 싶다.

예전보다 많이 달라짐을 느낀다. 여전히 자해 생각도, 자살 생각도 나지만 예전보다 그 횟수가 줄었다. 그저 뭔가를 하고 싶다는 생각이 가득하다. 저번처럼 중심을 찾지 못하고 감정에 휩쓸리는 일만 없다면 밖을 나가서도 잘 지낼 수 있을 것 같다.

"어제 퇴원 얘기가 나왔잖아요? 언제쯤 생각하고 있어요?"

"마음 같아선 당장이요."

"그럼 금요일쯤 어때요?"

금요일이면 나흘이나 남았다. 그때까지 기다릴 수 없다.

"목요일이 좋을 것 같아요."

"좋아요. 그럼 퇴원하고 난 뒤를 생각해 봅시다. 우선, 생각의 중심을 찾아야 해요. 항상 극단으로 치우치지 말기. 그리고 나쁜 생각에 빠졌을 땐, '이제 진짜 옳은가?' 늘 스스로 질문하면서 빠져나올 수 있어야 해요."

"네, 선생님."

죽음의 5단계.

"교수님 저는 언제쯤 예전 생활로 돌아갈 수 있을까요?"
라고 묻는 내게 교수님께서 죽음의 5단계를 알려주셨다. 부정, 분노, 협상, 우울을 지나 수용이라는 마침표를 찍게 되었을 때, 그제야 나는 조금은 자유로워질 수 있다고 하셨다.
이 5단계를 듣고 지난 내 입원 생활이 떠올랐다. 나는 경계성 인격장애라는 병과 부정도, 분노도, 협상도, 긴 우울도 했다. 그리고 지금은 잘 모르겠다. 마지막 단계인 수용으로 들어선 것일지도 모르겠다. 예전처럼 화가 나지도, 억울하지도 않다. 조금은 담담해진 듯하다.

여섯번째 퇴원.

이상하게 이번이 반복된 입원과 퇴원의 끝이 될 거라는 예감이 들었다. 물론 여전히 내가 살아야 하는 이유를 찾지도, 불쑥불쑥 찾아오는 불안감도 계속되었지만 적어도 당장 오늘은 살아도 되지 않을까? 하는 의문이 생겼다. 이 정도면 하루하루 죽으려 애를 쓰던 지난날과는 달리 많이 성장한 거겠지. 많이 울고 고통스러웠던 예전을 떠올려도 이젠 더 이상 아프지 않았다. 매일의 상담은 고통스러웠다. 아픈 과거를 쏟아 내야 하기도 했고 가끔은 알고 싶지 않은 내 모습과 마주하기도 했다. 그때마다 창피하고 불만족스러운 마음에 스스로 상처 될 말을 하기도 했다. 더는 이 굴레에서 벗어나게 되었다고는 말할 수 없다. 나는 앞으로도 자주 내가 못마땅할 것이다. 그리고 자주 울 수도 있다. 하지만 그렇다고 오늘의 내가 주저앉고 싶지는 않았다. 견디면 오늘은 살아지겠지, 언젠간 아프지 않을 수 있겠지. 이게 내 6번의 입원의 답인 것 같다.

7
안정된 삶

그 이후로.

내가 기억하기론 일주일에 한 번은 병원을 다녔고 나머지 시간은 주로 집에서 보냈다. 그리고 잘 모르겠다. 어디부터 꼬였는지. 분명 여섯 번째 입원 이후 달라졌다는 것을 나 또한 느꼈고 내 주위 사람들도 모두 내게 '나아졌다.'고 한 것 같은데 어느 순간부터 기억이 나지 않는다. 1분, 아니 1초 전에 했던 말을 떠올리지 못하고 내가 씻었는지, 밥은 먹었는지 기억하지 못했다. 그렇다고 기억이 통째로 날아가 버린 것은 아니고 동영상을 잘라내듯 부분적으로 기억이 사라졌다. 내가 아침에 눈을 떴을 때, 예전처럼 또다시 두 달이 지나있을까. 나는 이것이 제일 두려웠다. 자세히 설명할 수 없는 막연한 그런 두려움이었다. 그리고 이런 감정을 느낄 바엔 '차라리 죽자.' 그렇게 생각이 이어졌다. 물론 교수님께, 주치의 선생님께 내 상황을 알리고 도움을 청했지만 아마 마음에 드는 답변을 얻지 못했던 것 같다. 그렇게 나는 자살을 계획했다. '병원 가는 날 아침, 방 창문에 옷걸이를 걸어 목을 매자. 내가 정말로 죽고 싶어 한다면 그대로 모든 것이 끝날 테고 혹시라도 실패한다면 주저 없이 다시 병동으로 돌아가자.' 그렇게 다짐하고 돌아온 결전의 날. 부리나케 아침에 일어나 창문에 걸어둔 옷걸이를 쳐다봤다. 그때의 마음가짐은 아직도 기억이 난다. 내가 처음 자살 시도를 했던 그날과 비슷했다.

아마 정말로 내가 그때 목을 매달았으면 난 이렇게 글을 쓰고 있지 못할 것이다. 그래, 난 목을 매달지 못했다. 바로 내 옆에 잠든 동생 때문에.
계획을 짜면서 간과한 사실이 있다면 내가 홀로 방을 쓰고 있지 않다는 것이다. 내 방엔 두 개의 침대가 놓여 있고 나는 항상 동생과 잠들었다. 그날도 동생은 내 옆 침대에서 조용히 잠을 청하고 있었는데 차마 그 앞에서 죽을 수가 없었다. 구차한 변명일지 모르겠지만 내가 정말로 죽었을 때 가장 먼저 나를 마주할 동생을 생각하니 못 할 짓 같았다. 그래서 조용히 큰 가방에 병원에서 쓸 짐을 담고 엄마에게 찾아가 입원을 할 예정이니 함께 병원에 가주기를 부탁했다. 그렇게 나는 2020년 새해가 된 지 한 달도 지나지 않았을 무렵 일곱 번째 입원을 했다.

자살을 위한 몸부림.

입원을 하고도 내 자살 충동은 사라지지 않았다. 그전 입원 때도 자살 충동은 항상 존재했지만, 다른 점이 있다면 이번 입원에서는 자살 시도를 했다는 것이다. 아무런 위험 도구가 없는 곳에서 나는 어떻게든 죽기 위해 머리를 썼고 결국엔 병원복 상의를 벗어 그것으로 목을 졸랐다. 물론 금방 발견되긴 했지만. 6인실을 쓰던 나는 자살 시도 이후로 1인실로 자리가 옮겨졌다. 그리고 병원복 속 안에 입던 반팔을 제외하고 내 자살 도구였던 상의는 빼앗기고 말았다. 같은 이유로 침대에 깔던 시트도, 베개 커버도 차례대로 빼앗기고 아무런 도구를 찾을 수 없을 때 창문을 깨고 떨어져 죽겠다며 창문을 주먹으로 치기도 했다. 그리고 지금 생각해 보면 정말 죄송하게도 어머니께 죽기 위해 퇴원시켜 달라고 몇 번을 울며 매달렸다.

"네가 밖을 나가서 나쁜 짓을 하려 한다면 엄마는 퇴원시켜 줄 수 없어."

엄마는 그렇게 말했다. 처음 보는 어쩔 줄 모르는 모습으로 말이다. 항상 내 입으로 어머니께 어떠한 말도 할 수가 없어 주치의 선생님을 통해 간접적으로 내가 하고 싶은 말을 전달했었다. 그런데 이때, 처음으로 내 입으로 나를 말했다. 물론 어머니께 해서는 안 될 말이었지만 솔직히 속 시원했다. '척'을 하지 않아도 된다는 게 나는 좋았다.

아무튼, 이런 상황이 반복되자 교수님께서는 내게 미안하다고 하셨다. 알고 보니 예전처럼 상담을 통해 증상을 완화할 수 있다고 판단해 특별히 약물에 변동을 주지 않았다고 하셨다. 그리고 그날 이후 하루에 네 번, 손바닥 가득 담길 정도로 약이 많아졌다.

"효나야, 그거 한 번에 다 먹을 수 있겠어?"

약 먹을 시간이 되면 간호사 선생님들께서 나에게 이렇게 물을 정도였다.

수많은 약들 덕분에 하루 중 자는 시간 대부분이었다. 교수님께서도 자살 충동과 자해 충동을 느끼며 깨어 있는 것보단 차라리 잠을 자는 게 더 나을 거라고 하셨다. 나 또한 그렇게 생각했기에 딱히 불만은 없었다.

다행히도 입원한지 한 달 반이 지날 무렵 그 모든 충동을 거의 느끼지 않게 되었다. 그리고 두 달이 됐을 무렵, 나는 드디어 그 병동을 탈출할 수 있게 되었다.

제주도 여행.

친구들과 제주도로 여행을 떠났다. 처음엔 오랜만에 타는 비행기에 괜스레 기분이 좋았는데 하루, 이틀 지나니 갑자기 서글퍼졌다. 숙소로 돌아가는 렌터카 안에서 눈물이 날 것 같아 창문 밖만 주구장창 쳐다봤다. 그리곤 모두가 잠든 새벽 혼자 세상 모든 청승이란 청승은 다 떨면서 소리 없이 울었다. 그냥 서러웠다. '병원에 다닌 지도 3년이란 시간이 가까워 오고 약도 부지런히 챙겨 먹는데 나는 왜 제자리일까?' 하는 생각에 화도 났다. 주변 지인을 보면 약을 먹고 우울증이 많이 나아졌다는데 나는 왜, 도대체 왜.

여행에 돌아와서 진료를 보기 위해 병원에 갔을 때, 교수님께 여쭤봤다. 내가 혹시 뭔가를 잘못하진 않았는지, 그래서 내 병이 이렇게나 더딘 것이 아닌지. 교수님께서는 말씀하셨다.

"약이 주는 치료는 70~80 퍼센트 정도입니다. 나머지는 다른 부분으로 채워 가야 해요. 여행을 가서 많이 웃으셨나요?"

"초반에는요."

"그렇다면 나아지고 계시네요."

교수님의 말씀에 안정을 되찾고 병원 밖을 나왔을 때 그때 봤던 하늘이 너무 파래서 기억에서 사라지지 않는다. 거북이걸음으로도 올바른 방향을 향해 가고 있다는 교수님의 말씀은 뒤숭숭했던 마음을 가라앉히기에 아주 좋은 약이었다.

안타깝지 않은가.

그래, 모두 다 내 탓일지도 모른다. 모든 상황이 나로 비롯되었을 지도 모른다. 하지만 나조차 그렇게 믿어버리면 내가 너무 안타깝지 않은가.

오래된 테블릿 속 숨겨져 있던 글을 찾았다. 멋대로 휘갈긴 듯이 이리저리 삐뚤 빼뚤하게 적힌 글씨가 눈에 들어왔다. 2018년 10월 16일, 첫 번째 자살 직전 쓴 글이었다. 사실 어떤 마음으로 이 글을 쓴 건진 모르겠다. 다만, 나는 나를 불쌍히 여겼다는 것만은 알 수 있었다.

짧게 남은 기억 속에서 나는 저 말을 반복해 녹음했다. 그리곤 듣고 또 들었다. 아마 나라도 스스로를 위로하고 싶었겠지. 누구에게도 내 힘듦을 토해내는 게 무서웠고 그래서 그저 혼자 나를 보듬었다. 노력해도 그대로인 내 상황에 많이 버거워했던 시기였다.

한 걸음 한 걸음
걸음걸이마다 나만 아는 피가 묻어 나온다.
나만 아는 감정을 쏟아 내고
나만 아는 울음을 삼켜 낸다.

나만 아는 내가 있다.

글은 하나가 아니었다. 그때, 나는 여러 글을 남겼다. 내용은 비슷했다. 아무도 나를 몰라주는 것만 같고, 내가 너무 안타깝다는 의미가 담겨 있었다.
숨겨진 글 덕분에 오랜만에 옛날 일을 기억했다. 한참 힘들 땐, 매일 생각했던 일들이 이젠 떠오르지 않는다. 이렇게 가끔, 억지로 기억하려고 애를 써야 한다. 이게 좋은 증조인지 모르겠다.

시간이 해결해준다는 말.

내가 굉장히 싫어하는 말이 있다. 시간이 흐르면 모든 것이 해결될 거라는 그런 마법 같은 말을 나는 싫어한다. 아니, 싫어했다. 당장 나는 아파 죽을 것만 같은데 이 아픔이 사라지는 기약 없는 기다림은 굉장히 무책임한 말이라고 생각했다. 하지만 많은 사람이 이 말을 인용하는 것엔 이유가 있었다.

일곱 번째 입원 이후 나는 세 번의 입원을 했다. 그리고 조금씩 안정적인 패턴에 들어서게 되었다. 그렇다고 해서 우울이 사라진다거나 하루아침에 행복해진다는 얘기는 아니었다. 그냥 울지 않아도 될 정도. 가끔 슬픈 생각이 떠올라도 툭툭 털어낼 수 있을 정도. 딱 그 정도였다. 먹던 약도 반 이상이 줄었고 일주일에 한 번 가던 병원도 2주에 한 번으로 줄었다. 신기했다. 내가 한 것이라곤 그저 일상을 보내는 것이었다. 다만 그 일상이 아프고 두렵지 않도록 조절하는 것은 나와 내 주변의 몫이었지만 말이다.

예전엔 눈물 없이 이야기하기 힘들었던 것들도 조금씩 무뎌져 갔고 지금은 담담해졌다. 한창 힘들 땐, 세상 전부가 미웠는데 지금은 아무도 밉지 않았다. '그냥 지나가는 자연재해와 같았구나.' 그냥 그런 생각이 들었다.

신기했다. 가장 싫었던 말이 가장 정답에 가까웠다는 것이. 제주도 여행을 갔을 때, 제일 힘들었던 것이 낡은 화장실이었는데 신기하게 지금 돌이켜 생각하면 가장 기억에 남는 것이 씻는 일이었던 것처럼 언젠간 내 모든 이야기가 다시 돌아봤을 때 나를 만들어준 이야기가 될 수 있는 그날까지 나는 기다리고 또 기다려야겠다.

긴 나날 중 하루라면.

2주에 한 번, 병원을 가는 날이었다. 택시를 타고 햇살에 기대 병원으로 향했다. 햇살에 손을 뻗어 쥐었다 피기를 반복하면서 번졌다 사라지는 손가락의 투명함이 유난히도 슬펐다. 숙면을 취하지 못했기 때문일까 그냥 오늘따라 유난히 외로웠다.
"어땠나요?"
묻는 교수님의 말씀에 "그냥 별다른 바 없었어요." 그렇게 말했다. 실제로 그랬으니까. 그냥 아무 생각도 없고 특별히 힘든 일도 없고 평온한 하루들이었다. 교수님은 내 말에 좋아하셨다. 예전보다 굉장히 나아졌다고.
"너무 생각이 없는 것 같기도 해요."
라는 내 말에 교수님께선 충분히 그럴 수 있다고 하셨다. 계속 무언가를 생각하지 않아도 된다고. 무언가를 해야 한다는 압박감에서 벗어나도 된다고. 평소와 같았으면 이 말에 '다행이다.'라고 생각했겠지만, 그냥 오늘따라 '매일이 이렇다면 굳이 살아야 할까?'란 생각이 머릿속에서 떠나질 않았다. 물론 교수님께 이 말을 전하진 못했지만, 이젠 안다. 시간이 흐르면 평소처럼 다시 '이 정도면 괜찮네.'라는 생각이 들 것이라는 걸. 나아진 점이 있다면 이렇게 삶을 포기하고 싶은 마음은 아주 가끔 드는 방면에 별다른 생각 없이 살아가는 날이 보통의 나날들이 되었다는 것이다.

나는 나를 잘 알기 때문에 모든 날이 좋다고 느낄 날은 오지 않는다는 것을 안다. 언젠간 내가 힘든 상황을 마주했을 때 나는 또다시 삶을 져버릴 생각을 할 것이다. 하지만 그날이 긴 나날 중 하루뿐이라면 괜찮지 않을까. 그냥 그런 생각이 들었다.

후원자 명단.

-설진*   -miso

-모피어스   -김동*

-박수*   -하나리

-한지*   -ULSAN.HAM

-장감자   -j****

-박성*   -Hee

-고냉이폴   -doolu****

-박지*

실명으로 보이는 이름은 모두 익명처리 했습니다.

끝맺는 글.

처음 경계성 인격장애를 진단받았을 때 기분을 아직도 기억합니다. 아마 그 기분이 시험지 서술형 만을 쓰기 급급했던 공학도가 펜을 잡게 된 이유겠지요. 경계성 인격장애는 꽤 많은 사람들이 걸리는 병에도 불구하고 아무도 스스로 그것이라고 말하는 사람이 없는 병입니다. 그래서 사실 처음엔 많이 외로웠습니다. 그리고 곧 '아무도 하지 않는다면 내가 해보자!'라는 생각이 들었고 그 생각 덕분에 이 책이 완성할 수 있었던 것 같습니다.

사실 저 또한 아직 현재 진행 중이라 책의 끝맺음이 어색할지도 모릅니다. 기승전결의 '결'이 없으니 어쩔 수 없겠지요. 하지만 제가 살아있는 한 언젠간 '결'이 완성되지 않을까요? 처음 산에 오른 사람이 깃발을 꽂는 것처럼 저 또한 그때 다시 한 번 경계성 인격장애의 '결'을 말하고 싶습니다. 그때를 기대하며 이 책을 끝냅니다.

감사한 이들에게.

천방지축 제멋대로인 저를 여기까지 보듬아주신 제 교수님과 주치의 선생님께 제일 먼저 감사함을 표하고 싶습니다. 그리고 아이러니하게 가장 힘든 시기였던 83병동에서 멋진 추억을 안겨준 은솔 언니, 진영이에게 언제나 나는 옆에 있을 거라고, 덕분에 외롭지 않았다고 말해주고 싶네요. 또 그곳의 간호사 선생님, 보호사 선생님께도 부족한 저를 잘 케어해주셔서 감사합니다. 심심하지 않게 함께 시간을 보내주신 수십 명의 의대생 실습생분들께도, 글에 자신 없던 제게 용기를 북돋아준 근홍 오빠에게도, 아픈 나를 변치 않고 대해준 지원이와 우리 새싹 시음에게도 감사함을 전합니다.

마지막으로 나를 포기하지 않은 우리 엄마, 아빠. 만두 고마웠어 오빠. 동생들에게 언니, 누나가 모범을 보이지 못해서 미안해.

사랑합니다 모두들.

경계인의 우울 일기

초판 인쇄	2021년 5월 21일
지은이	최효나
펴낸곳	난다, 날다
ISBN	979-11-974532-0-5 03800
이메일	flywithnanda@gmail.com
인스타그램	@flywithnanda